두 자녀를 잘 키운 삼숙씨의 이야기

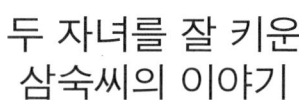

두 자녀를 잘 키운
삼숙씨의 이야기

특별히 _____ 님께

이 소중한 책을 드립니다.

두 자녀를 잘 키운
삼숙씨의 이야기

정삼숙 지음

나침반

시작하면서

"엄마 나… 배고파요!"

줄리어드 예비학교를 다닐 때 큰아이의 이야기이다.

미국 링컨센터에서 연주 몇 십 분을 앞둔 중학교 2학년 큰아이와 전화 통화가 됐다. 집에서 보낸 돈이 여유롭지 못한데다, 남의 신세지기를 어려워 해, 공연을 앞두고도 제대로 식사를 못한 것이다. 배고픈 아이가 수천 명의 관객들 앞에서 연주를 해야 한다는 생각에 가슴이 찢어지듯 아팠지만 단숨에 달려갈 수 없는 나는 하염없이 울었다.

"엄마 난 이 동네에서 제일 싼 하숙집을 구했어요."

이스트만 음대 입학 후의 둘째 아이의 이야기이다.

자기를 위해서는 한없이 가난해지고 싶어 하고, 다른 아이들을 위해서는 풍성하기를 원한 둘째는 공부를 하는 동안 단 1불도 자신을 위해서는 쓰기를 싫어했다. 친구를 교회에 데려오기 위해서는 그리고 전도를 위해서는 너무도 당당히 쓰면서도…

초등학교 6년 동안 거의 새 옷을 입어 본 적이 없는 두 아이들!

그럼에도 불평이 없었던 아이들은 커서도 옷 타령을 안 한다. 애들이 너무 어른스러운 것은 아닐까? 한편은 고마우면서도 또 다른 한편은 걱정이 되는 대목이기도 하다.

"빵점 엄마, 만점 아들?"
언제부터인가 나에게 붙은 별명이다.
두 아이의 엄마로서 세상적인 기준에서 기본도 해주지 못한 것 같은 내가 들어야 할 별명이라 인정한다.
입시생 엄마의 초조한 시간을 경험해 보지 못한 엄마!
아이들에게 공부하라기보다는 이것저것 사 먹고 사 입으라고 잔소리하는 엄마!
아이들의 문제를 스스로 해결하게 해 간섭이 필요 없는 엄마!
학비 걱정을 안 하는 엄마!
이게 나의 모습이었다. 그럼에도 불구하고 하나님께서 두 아들을 예일대학교 대학원 전액 장학생으로 만드는 데 나를 쓰셨다.

두 아이가 그 기간 동안 받은 장학금은 족히 10억 원 가까이 될 것이다.
우리 가정은 경제적인 상황이 어려웠다. 그렇지만 근 10년 동안, 그러니까 아이들이 고등학교부터 대학원을 다니는 지금까지 두 아이를 위해 학비를 써본 적이 없다.
큰아이는 한국예술종합학교 영재코스에 입학하여 전액 장학금을 받으며 3년 조기 졸업하고, 줄리어드 음대 대학원, 예일대 음악 대학원을 거쳐 지금은 노스웨스턴대학원에서 음악 박사 과정을 수학 중이다. 둘째는 브룩힐고등학교와 이스트만 음대를 졸업하고 지금은 예일대학교 신학대학원에서 계속 전액 장학금과 생활비까지 받으면서 공부하고 있다.

빵점 엄마에게 주신 만점 아들들, 그것은 전적으로 하나님의 은혜이다.

두 아들은 너무도 자랑스럽게 미래를 준비하고 있다.

"사모님! 아이들 기른 이야기 좀 들려 주세요."

그간 이런 제안을 받으면 자랑이라고 여겨질까 봐 자세히 말하지 못하고 이리저리 사양하였다. 그러다가 어느 날 이 일은 내가 한 것이 아니라 하나님이 나를 통해 하신 일임을 깨닫고 하나님의 영광을 위해, 그리고 이 땅의 부모들, 특히 엄마들에게 작은 도움이 되고 싶은 마음으로 책을 쓰기 시작했다.

이 글은 "나처럼 이렇게 하면 됩니다."가 아니다. "나는 이렇게 했더니 되더군요."이니 읽는 누구도 부담이 없길 바란다.

이 책을 만드는 시간이 나에게는 참 행복한 시간이었다. 지난 시간들을 돌아볼 수 있었기 때문이다.

좋은 글을 쓸 수 있도록 조언을 아끼지 않은 분들과, 자료를 잘 정리해준 오선화 작가와 나침반출판사 김용호 대표님, 이경숙 전도사, 그리고 함께 울고 웃으며 '자녀들을 믿음으로 길러 영향력 있는 글로벌 리더로 키우기'를 바라는 이 책을 읽을 많은 독자들에게 감사를 드린다.

특별히 전적으로 이 책을 쓰도록 격려하며 동의를 해주고 박수쳐준 사랑하는 남편 장학봉 목사와 내 생명처럼 소중한 나의 두 아들 성찬이와 희찬이에게 감사한다.

"보라 자식들은 여호와 하나님의 기업이요 태의 열매는 그의 상급이로다."(시편 127:3)

엄청난 상급을 주신 하나님의 은혜에 감사하며…

정삼숙

감사와 함께

두 아들을 명품으로 길러낸 아내 이야기

내 아내는 세상적 기준으로 볼 때는 빵점짜리 엄마다. 아이들 유치원 졸업장도 없고, 아이들 초등학교 시절 졸업식 날 한 번 학교를 찾아갔고, 일반학원에 보낸 적이 거의 없고, 공부하란 잔소리도 안 했으며, 숙제를 안 해가도 신경을 쓰지 않았다.

그런데 잘하는 것이 있다. 아이들과 함께 몇 시간이고 무엇을 배워서 그대로 아이들을 가르친다. 가정 예배와 성경을 읽고 외우는 일에는 생명을 건다. 더 중요하게 여기는 것은 하나님께 직접 과외비를 드린다. 그것도 공격적으로… 그러면서 '우리 아이들은 결코 싸구려로 만들지 않을 것'이라고 당당히 말한다. 어쩌면 진짜 자녀 교육에 미친 사람이다. 그것도 하나님의 거룩한 방법으로!

그런데 신기하다. 두 아이는 엄마를 아주아주 좋아한다. 그리고 자신들의 세계를 멋지게 만들어가고 있다. 만남의 복을 따라서…

지금 나는 두 아이를 명품으로 기른 아내에게 한없이 고마워 한다.

　세상적 기준의 빵점 엄마가 만점 아들들을 만들었다. 그래서 오늘도 나는 두 아들의 미래를 설레는 마음으로 기대하며 기도한다.
　아내는 이 책을 다 쓴 다음, 아이들에게 단 한 줄이라도 거짓으로 쓴 것이 있는가 검증을 요청했고, 아이들의 검증 통과를 받고서야 이 글을 세상에 내보낸다. 이런 아름다운 아내를 주신 하나님께 감사하며 응원한다!

　　두 아들의 아빠이면서 삼숙씨 신랑인

　　장학봉 목사

보라
자식들은 여호와의 기업이요
태의 열매는 그의 상급이로다
- 시편 127편 3절 -

더러는
좋은 땅에 떨어지매 자라
무성하여 결실하였으니
삼십 배나 육십 배나 백 배가 되었느니라
- 마가복음 4장 8절 -

주라
그리하면 너희에게 줄 것이니
곧 후히 되어 누르고 흔들어 넘치도록 하여
너희에게 안겨 주리라 …
- 누가복음 6장 38절 -

목차

시작하면서 엄마 나… 배고파요! 7
감사와 함께 두 아들을 명품으로 길러낸 아내 이야기 11

제1장 엄마는 한나처럼, 나는 엄마처럼!

아, 고맙습니다 19
고난을 이기는 법을 배우다 20
정답을 알았던 엄마 24
기준이 분명해야 한다 29
독수리 오자매 32
나의 길, 오직 그가 아시나니 35
내 삶의 멘토와 피아노 39
땅끝 깡촌 마을에서 서울로 오다 43

제2장 인생의 동반자와 함께!

나의 대학생활 47
목사님 동생이요? 53
아이들만은 잘 기를게요 63
상가 계단 아래 단칸방 67
다시 레슨을 69
영화 같은 이야기 70
이상한 나라, 동굴 속에서 75
어찌 내게 이런 일이… 83
아기가 죽어가요! 88
이제는 하나님의 손에… 91

제3장 한나가 사무엘을 드리듯!

100퍼센트 신뢰했다 101
'하나님께 고액 과외비'를 드렸다 105
말씀의 신동이 되게 했다 112
아이들을 우리 집 목사님으로 세웠다 120
엄마인 나도 함께 레슨을 했다 125
훈련은 나와 함께 혹독하게 했다 128
스스로 서게 했다 132
더 크게 멀리 보게 했다 134
성품을 우선순위로 삼았다 138

제4장 자녀를 싸구려로 키우지 않기!

하나님의 시계를 신뢰했다 147
자녀의 미래에 귀 기울였다 156
성경을 통해 하나님을 만나게 했다 166
아이의 가치를 높였다 171
문제 앞에서는 나 자신부터 돌아보았다 175

제5장 자녀에게 배우는 엄마의 행복!

아이들의 고백 181
이기는 비결! 183
빛은 어둠을 밝히는 것 187
더 많은 길이 열리다 189
아이들에게 배운다 191
두 아들로 긴장한다 193

마치면서 무서운 엄마? 그러나 너무 좋은 엄마! 196

제1장

엄마는 한나처럼, 나는 엄마처럼!

아, 고맙습니다

　나의 고향은 전남 보성의 '득량'이라는 남해 쪽 땅끝 바닷가 마을이다. 나는 4남 3녀의 막내로, 내 위로 오빠 두 명이 이유도 모른 채 죽었다. 나는 막내라서 잘 기억이 나지 않지만, 오빠들의 죽음을 회상하는 가족들은 "갑자기 종기가 나더니 죽었다."고 말했다. 그곳에서 청소년기를 보내던 오빠들은 그렇게 원인도 모른 채 숨을 거두었다. 하지만 그 시절, 그렇게 죽어간 사람이 한 둘이었겠는가? 동네 사람들은 대수롭지 않게 생각했고, 가족들은 장례를 치뤄 줄 생각도 하지 않았다. 엄마는 아무도 쳐다보지 않는 아들들의 주검을 땅에 대충 묻고, 돌무더기를 올려놓아야 했다. 그것이 그 시절의 장례였고, 참 허망한 일이었지만 그것을 앞장서 도와줄 사람은 없었다. 그런데 그때, 동네 교회에서 발 벗고 나섰다.
　"얼마나 마음이 아프세요? 저희가 도와드릴게요."
　두 팔을 걷어붙이고 자신의 일처럼 나선 목사님이 계셨고,
　"장례식을 치뤄야죠. 한 생명이 이렇게 허망하게 죽었는데요. 정성스럽게 잘 치르고 보내줍시다."
　자신의 아들을 잃은 것처럼 눈시울을 적시며 장례식을 진행해 주시는 장로님이 계셨다.
　"고맙습니다. 고맙습니다."
　엄마는 머리를 조아렸다. 어떻게 말로 표현할 수 있는 감사였겠

는가? 엄마는 마음을 다해 고마워했고, 교회 분들은 자신의 일인 것처럼 오빠들의 장례식을 감당했다. 엄마는 궁금했다. 도대체 왜 남의 일을 저렇게 열심히 도와줄까? 엄마는 한참을 고민한 끝에 답을 얻었다.

'저들이 믿는 하나님의 힘일 거야.'

엄마는 어렴풋이 그렇게 생각했고, 철저한 불교신자였던 엄마는 하루 아침에 기독교인이 되었다.

"너희 오빠들이 죽었을 때, 동네 장로님들이 장례를 치뤄주고, 자신들의 일처럼 진심으로 위로해주고 아파해서 엄마가 하나님을 믿게 된 거야. 알지?"

언젠가 엄마는 그렇게 말했다. 나는 고개를 끄덕였다. 지독한 불교신자였던 엄마. 그런 엄마가 개종을 하게 된 이유는 오빠들의 장례를 교회 사람들이 치뤄주었기 때문이었다.

"그분들은 너무도 고마운 분들이란다."

그래서 지금도 성도의 가정 장례식은 남의 일 같지 않다.

고난을 이기는 법을 배우다

오빠의 장례를 치뤄준 것이 고마워 교회에 나갔던 엄마는 서서히 믿음을 갖게 되었다. '하나님', '할렐루야',

'아멘'을 입에 달고 살며 진짜 신앙인이 되어갔다. 엄마로서는 정말 행복한 일이었지만, 엄마의 뒤에는 그것이 행복하지 않은 아버지가 있었다. 아버지는 엄마의 믿음이 가짜이기를 바랐다. 하지만 엄마가 진짜라는 것을 알게 되자, 아버지는 가만히 있지 않았다. 철저한 불교 집안의 아들이 집안의 뜻을 거역하고 부인을 따르는 건, 하늘이 두 쪽 나도 있을 수 없는 일이었다.

'콩쥐와 팥쥐'라는 전래동화에 보면 마음씨 착한 콩쥐에게 어느 날 계모가 생긴다. 계모는 새 언니 팥쥐를 데리고 콩쥐의 집으로 들어온다. 그날부터 콩쥐의 역경이 시작된다. 콩쥐는 나무호미로 돌밭을 매기도 하고, 밑 빠진 독에 물을 붓기도 한다.

나는 어렸을 때 엄마가 정말 콩쥐 같다고 생각했다. 엄마에게 계모는 없었지만, 계모의 역할을 하는 남편이 있었다.

엄마의 남편, 그러니까 우리 아버지는 콩쥐 같은 엄마를 부려먹는 계모 같은 남편이었다.

"내일 교회 못 간다. 벼 베야 한다."

교회 다니는 엄마가 못마땅했던 아버지는 주일을 앞두고 이렇게 말했다.

"알겠어요."

엄마는 대답하고 그 길로 논으로 가서 달밤에 벼를 베었다. 그런 엄마를 따라 나도 밤이 새도록 벼를 베곤 했다. 새벽녘까지 일이 끝나지 않아 날을 샌 적도 많았다. 그리고 교회에 갔다. 아버지는 벼를 베는 일이 다 끝나면, 콩밭을 매자고 했다. 그럼 엄마는 또 밤새 콩밭을 매고, 너무 힘이 들어 허리가 잘 펴지지 않는 상태로 교회에 갔다. 그렇게 고된 일을 하고 어떻게 예배를 그렇게 기쁨으로 드렸는지……. 엄마는 항상 즐거운 표정으로 예배를 드렸다.

엄마의 믿음은 황무지에서도 꽃을 피우는 달맞이꽃 같았다. 그 달맞이꽃은 예배 중에만 볼 수 있는 것이 아니었다. 엄마는 삶 속에서 매일 믿음의 꽃을 피우는 사람이었다. 무엇보다 엄마는 가장 좋은 것을 주님의 종에게 바쳐야 한다고 생각했다.

"삼숙아, 이건 목사님 갖다 드려야겠다."

엄마의 손에는 아주 예쁘고 날씬한 호박이 들려져 있었다. 엄마는 환하게 웃으며 주머니에 호박을 넣었다. 그리고 윗옷을 잡아당겨 두둑해 보이는 주머니를 가렸다. 아버지에게 들킬까 봐 조마조마해하며 사택으로 가서 호박을 드리고 얼른 다시 되돌아왔다. 비단 호박 뿐만이 아니었다. 우리 집은 끼니를 제때 먹기도 힘든 형편이었는데, 그래도 매번 가장 좋은 것은 목사님께 드렸다.

"삼숙아, 이거 목사님께 가져다 드리고 오너라."

엄마가 이 말을 할 때면 고구마든 사과든 감자든 가장 먹음직스러운 것이 엄마 손에 있었다. 나는 침을 꼴딱 삼키며 엄마의 심부름을 해야 했다.

나는 엄마의 심부름이 너무도 좋았다. 목사님에게 드리는 것이 좋았기 때문이다. 무언가를 드리는 것은 늘 신이 났다. 우리같이 가난한 사람이 누군가에게 베풀 수 있다는 행복 때문이었을 것이다.

전래동화 '콩쥐팥쥐'에서 콩쥐의 계모는 콩쥐가 잔칫집에 가는 것이 못마땅해 일을 시킨다. 그런데 콩쥐는 그 일을 다 해내고 결국 잔칫집에 간다. 우리 아버지는 교회에 가지 말라고 일을 시킨다. 그런데 엄마는 그 일을 다 해내고 교회에 간다. 아버지는 그런 엄마를 더욱 강하게 핍박했고, 엄마는 굴하지 않고 예배를 드리며 가장 좋은 것을 하나님께 드리는 마음으로 하나님의 종인 목사님께 드리는 습관을 바꾸지 않았다.

그러던 어느 날, 교회에 가던 엄마가 퍽 쓰러졌다.
아버지가 쇠스랑으로 엄마의 허리를 내리친 것이다.
"아고…… 아고……."
엄마는 바닥에 주저앉아 신음소리를 냈다.
"교회에 가지 말라고!"
아버지는 쇠스랑을 치켜들고 버럭 소리를 질렀다. 엄마는 끙끙거리며 바닥에 주저앉아 있었고, 엄마의 옆으로 주머니에서 튀어나온 호박이 데굴데굴 굴렀다.
"진짜 말 안 들으면 더 혼날 줄 알아!"
아버지는 역정을 내며 밖으로 나가고, 엄마는 땅을 짚고 간신히 일어나 그래도 교회에 갔다.

엄마의 믿음은 딸인 내가 보기에도 대단했다. 지금 생각해보면 정말 하나님이 도우셨다고 밖에는 말할 수 없다. 하나님의 도움이 없었다면 그 핍박을 견디고 어떻게 믿음을 지킬 수 있었을까? 콩쥐가 밑 빠진 독에 물을 부을 때 어디선가 나타나 구멍을 막아주었던 두꺼비처럼, 하나님은 보이지 않는 어딘가에서 엄마에게 새 힘을 주었던 것 같다. 그리고 힘뿐만 아니라 아주 귀한 선물도 함께 주셨다.

정답을 알았던 엄마

성경에 보면 "어떤 사람에게는 성령으로 말미암아 지혜의 말씀을, 어떤 사람에게는 같은 성령을 따라 지식의 말씀을, 다른 사람에게는 같은 성령으로 믿음을, 어떤 사람에게는 한 성령으로 병 고치는 은사를, 어떤 사람에게는 능력 행함을, 어떤 사람에게는 예언함을, 어떤 사람에게는 영들 분별함을, 다른 사람에게는 각종 방언 말함을, 어떤 사람에게는 방언들 통역함을 주시나니, 이 모든 일은 같은 한 성령이 행하사 그의 뜻대로 각 사람에게 나누어 주시는 것이니라."(고린도전서 12:8~11)라는 말씀이 있다.

그 말씀처럼 하나님을 믿는 사람에게 하나님은 선물인 은사를 주신다. 엄마도 예외는 아니었다. 사람들은 엄마가 '신유의 은사'를 선물로 받았다고 말했다.

내가 초등학교에 다닐 때의 이야기다.
어느 날 이유 없이 시름시름 앓게 된 나는 학교도 가지 못하고 누워 있었다. 엄마는 수박을 들고 들어왔다.
"엄마, 나 아파서 죽을 거 같아."
나는 엄마에게 말했다. 엄마는 수박을 내려놓고 내 머리에 손을 얹고 기도하기 시작했다. 나는 눈을 질끈 감고 엄마에게 기도를 받았고, 기도가 끝나자 신기한 일이 벌어졌다. 물 한 모금 넘길 수 없게 아팠던 내가 물을 먹을 수 있게 되었다. 수박도 먹을 수 있었고, 조금 있다가 밥도 먹었다.
엄마는 나뿐만 아니라 아픈 사람들에게 기도를 해주었고, 사람들은 엄마의 기도를 받고 말끔하게 나았다. 사람뿐만이 아니었다. 동네 사람들은 엄마에게 달려와서 가축들에게 기도해달라고 부탁했다.
"허 권사님, 기도 좀 해주세요. 우리 집 돼지가 아파요."
"알겠어요. 지금 갑시다."
엄마는 하던 일을 멈추고 곧바로 쫓아가서 기도를 해주었다. 그럼 가축이 나았고, 사람들은 엄마에게 고맙다고 인사를 했다. 그리고 그 고마움이 전도로 이어지기도 했다.
"허 권사님, 이제 같이 교회 나갈게요."

"그래요. 잘 생각하셨어요. 함께 예수님 믿고 구원받읍시다."
엄마가 그렇게 전도한 사람이 하나 둘 늘어갔다.

엄마는 말씀과 기도를 중요하게 여겼다.
초등학교도 다니지 못해서 글씨도 모르던 엄마는 틈만 나면 성경을 읽어 한글을 배우게 됐다. 하나님께 모든 걸 맡기고 부지런히 기도했다. 하지만 그렇게 하나님을 최고로 알고 섬겼던 엄마에게 난처한 일이 생기기도 했다.
하루는 아픈 소에게 기도를 해주었는데, 소가 낫지 않고 죽었다. 엄마는 하나님의 뜻이 아니었다며 체념했지만, 소의 주인은 그렇게 생각하지 않았다. 소가 죽었으니 교회에 가지 않겠다며 소리를 질렀고, 얼른 살려내라며 떼를 썼다.

나의 고향인 득량은 보성의 끝에 있는 마을이다. 해남처럼 땅 끝에 있는 마을이다. 하나님을 믿는 가정이 적고 대부분 불교를 믿으며 기복신앙이 팽배했던 촌마을이었다. 그곳에서 가축이 아픈 것은 생계를 위협하는 일이었고, 기도를 받으면 살 줄 알았던 소가 죽었으니 다시 살려 내라고 억지를 부리는 건 어쩌면 당연한 일이었다. 하지만 엄마 입장에서는 억울할 만한 일이었다. 진심을 다해 기도를 했으나, 생사를 결정하는 건 하나님의 몫이었다. 하지만 엄마는 억울해 하거나 노하지 않았다. 그에게 성경 말씀을 전하며 설득하고 위로했다.

"시편에 보면 생명의 원천은 주님께 있다고 했어요. 저는 기도할 뿐, 생명은 하나님께서 주관하시는 거랍니다. 소가 죽은 것은 너무 안타깝고 미안해요. 하지만 나는 기도로 구할 뿐이지 결정은 하나님이 하시는 거예요. 함께 교회에 나가서 그런 하나님을 느껴볼 수 있었으면 좋겠어요."

엄마의 목소리는 솜털처럼 부드러웠다.

나는 엄마의 모습을 보며 하나님의 선물을 생각했다. 사람들은 엄마가 '신유의 은사'가 있다고 했지만, 내가 볼 때 엄마는 '신유의 은사'보다 더 큰 선물을 받았다.

그것은 엄마 마음속에 흐르는 '강 같은 평화'였다. 엄마 마음에 흐르는 평화는 엄마를 만나는 사람들에게 여지없이 흘러갔다. 소를 잃은 주인이 엄마의 입을 통해 평화를 되찾았고, 엄마의 평화로운 모습에 이끌려 교회에 나왔다는 사람들도 있었다.

한 번은 교회 장로님과 목사님 사이에 다툼이 일어났는데, 엄마가 장로님과 목사님의 입장을 다 이해해주고 공감해 주며 설득했다. 엄마를 통해 화해가 일어나고, 두 분이 다시 마음의 평화를 찾았다.

또 한 번은 술 취한 사람이 교회에 찾아온 일도 있었다. 그 사람은 엄마의 먼 친척이었는데, 엄마는 그 사람을 전도하려고 정말 애를 썼다. 콩이 날 때는 콩을 갖다 주고, 깨를 거둘 때는 깨를 갖다 주었다. 열심히 나누며 예수님을 전하는 데 힘썼다. 그런데 어느 주일날, 그 사람이 예배 중에 교회 문을 열었다. 술에 취한 사람은 큰 소리로 엄마를 불러냈다.

"허 권사님! 허 권사님!"

사람들은 눈이 휘둥그래져서 뒤를 쳐다봤고, 엄마는 얼굴이 벌게졌다.

"허 권사님! 예수가 그렇게 좋습니까? 예수 믿으라고 콩이며 깨며 다 퍼다 주고……. 참 이상합니다."

그 사람은 교회 어른들이 데리고 나갈 때까지 계속 주정을 했다. 하지만 엄마는 잠깐 놀랐을 뿐 요동치 않았다. 엄마 마음에 흐르는 강물이 엄마를 금세 잠잠케 했고, 그 평화를 또 그 사람에게 전했다.

"네, 예수가 좋습니다. 콩이든 깨든 내가 가진 모든 것을 나눠주고라도 예수를 전할 수만 있다면 그렇게 하겠습니다."

그 사람은 결국 하나님을 믿게 되었다.

나는 엄마의 모습을 보면서 본받지 않을 수 없었다. 엄마의 순전한 믿음은 어느새 내 마음에 존경심을 심어주었고, 나는 엄마를 따라 예수님을 믿는 아이가 될 수 있었다.

내가 아이를 기르면서 두려움의 환경을 넘을 수 있었던 것은 기도가 정답이라는 엄마의 영향을 받았기 때문일 것이다.

기준이 분명해야 한다

엄마는 성경 속 한나가 사무엘을 드리는 것처럼 자녀도 하나님께 드리는 사람이었다.

엄마는 자신의 믿음을 삶으로 보여주며, 자녀를 하나님께 맡기는 기도를 매일 드렸다. 하지만 엄마는 나에게 믿음을 강요하지 않았다. 엄마가 만약에 나에게 "교회에 나가라!"며 무조건 떠밀거나 "말씀을 읽으라고!" 하며 강요했다면, 내 믿음이 견고해지지 않았을지도 모른다. 하지만 나는 엄마의 삶을 보며 엄마처럼 살겠다고 스스로 결심하고, 엄마처럼 행동했다. 성경적으로 살려고 끊임없이 노력하며, 복음을 한 명에게라도 더 전하려고 몸부림치는 엄마의 삶이 내 마음을 움직였다.

어느 날, 집에 험악한 인상의 남자가 들이닥쳤다. 아버지에게 돈을 꿔준 사채업자였다. 아버지는 교육열이 대단했던 분이지만 농사를 지으며 자식들을 고등학교까지 보내는 것은 여간 힘든 일이 아니었다. 하지만 아버지는 아무리 힘들어도 자식들의 교육을 포기하지 않았고, 그것은 빚으로 연결되었다.

"이 영감이! 돈 안 갚아! 내 손에 죽고 싶어?"

사채업자는 아버지의 긴 수염을 잡아당기며 소리를 질렀다.

"추수하면 갚을게요. 꼭 갚겠습니다."

"안 갚으면 집이고 뭐고 다 날아갈 줄 알아!"

사채업자는 협박의 한 마디를 남기고 둔탁한 발걸음으로 멀어졌다.

아버지는 아무 일도 없었다는 듯이 소에게 풀을 먹이려고 집을 나섰다. 나는 아버지의 처량한 뒷모습을 보고, 교회로 가서 기도했다.

"하나님, 꼭 공부하고 싶어요. 우리가 빚을 갚을 수 있게 해주세요."

기도를 하고 나니 마음이 한결 편해져서 집으로 돌아왔다.

나는 교회에서 기도하고 예배드리는 것이 너무 좋았다. 엄마처럼 나에게도 핍박이 다가왔지만, 그래도 나는 교회가 좋았다. 그래서 아침에 일어나면 교회에 들렀다가 기도하고 학교에 갔다. 하교를 할 때도 교회에 들러서 집으로 왔다. 교회에 가는 것이 가장 행복한 일이었다. 슬픈 일이 있어도 주저앉아 있기보다는 교회에 가서 기도를 했다.

예수님을 믿지 않았던 올케에게 뇌수막염 걸린 아이가 있었다. 그러니까 나에게는 조카가 되는 아이였다.

"그렇게 교회 가는 게 좋으면 조카를 업고 가요!"

올케는 날카로운 목소리로 나에게 말했다.

"알겠어요. 업혀주세요."

나는 흔쾌히 조카를 업고 가겠다고 했다. 어떤 상황에서도 교회를 기쁘게 가고 싶었다. 나는 교회로 가는 고개를 넘으면서 진땀을 흘렸다. 올케는 그렇게 힘든 일이라는 걸 알고 나에게 시킨 것이겠지만, 나는 잘 몰랐다. 하지만 후회하지 않았다. 교회에 갈 수 있다는 생각에 즐거웠고, 교회가 보이자 웃음 지을 수 있었다. 나는 많이 지쳐서 교회에 도착했다.

'잘 했어. 장애물을 잘 넘은 거야.'

나는 내 자신을 칭찬하며 교회에 들어섰다.

그런데 눈앞에 또 하나의 장애물이 있었다.

'어떻게 아픈 조카를 업고 성가대에서 찬양을 하지?'

성가대에 서는 것이 문제였다. 나는 잠시 고민하다가 조카를 의자에 앉혀놓고 성가대에 섰다. 다행히 조카는 예배가 끝날 때까지 잘 앉아 있었다. 예배를 마치고, 나는 조카를 다시 업고 집으로 돌아갔다.

믿음이 없는 부모들 중에는 이 글을 읽으면서 종교색이 짙은 내용에 당황할 수 있다. 그러나 아이에게 자신보다 크신 하나님을 어려서부터 삶의 기준으로 만나게 하는 것이 얼마나 중요한 것인가를 알게 된다면 생각이 달라질 것이다.

"핍박이 없었으면, 우리의 믿음이 이렇게 성장할 수는 없었을 거야."

엄마는 내 머리를 쓰다듬으며 그렇게 말씀하시곤 했다. 엄마는 핍박도 우리를 성장시키기 위한 하나님의 선물이라고 생각했다. 나도 엄마를 따라 그렇게 생각하며 견뎠다.

엄마는 자녀를 위해 항상 기도하는 분이었다.

"하나님, 저의 자녀들이 하나님을 잘 섬기게 해주시고, 하나님께 영광돌리게 해주세요."

나는 그런 엄마의 기도를 먹고 자랐다.

한나와 같은 믿음을 가진 엄마는 나에게 신앙의 롤 모델이자 영적 스승이다.

"하나님, 저도 엄마처럼 믿음이 좋은 사람이 되게 해주세요."

나는 기도했고, 하나님은 내가 점점 엄마의 신앙을 닮아갈 수 있게 해주셨다. 그것은 나에게 가장 큰 축복이었다.

내가 다른 모든 것을 자녀들에게 다 양보해도 예배 생활에 실패하지 않도록 강하게 요구한 것이 이런 이유 때문일 것이다.

독수리 오자매

사춘기를 흔히 '질풍노도의 시기'라고 한다. 강한 바람과 성난 파도처럼 격한 감정이 요동치는 시기라는 말이다. 하지만 나에게 사춘기는 달콤했다. 그 시기에 나는 오히려 교회 중심의 삶을 살게 되었다. 무엇보다 교회에서 교사를 할 수 있다는 것이 나에게는 큰 기쁨이었다. 하나님의 말씀을 들을 수 있는 것만으로도 영광인데, 그 말씀을 함께 나누고 가르칠 수 있는 것이 '달콤한 꿈' 같았다. 그리고 그 '달콤한 꿈'을 함께 나누는 독수리 오자매가 있었다.

지구를 지키는 독수리 오형제는 여자가 딱 한 명뿐이다. 하지만 우리는 모두 여자다. 믿음으로 똘똘 뭉친 독수리 오자매. 우리는 학교에 갈 때 꼭 교회에 들러 기도하고, 학교를 마치고 집에 오면서도 교회에 들러 기도했다.
"선생님! 선생님!"
우리는 겨우 중학생이었지만, 아이들은 우리를 이렇게 불렀다. 우리는 어렸지만, 열정만큼은 타의 추종을 불허했다. 매일 함께 모여 기도하고, 주보를 만들고, 예배를 준비했다. 우리는 함께 있으면 그저 즐거웠고, 함께 예수님을 찬양할 수만 있다면 행복했다.
"교회는 매일 가도 좋아. 그치?"
"응, 빨리 주일이 왔으면 좋겠다."
우리는 만나기만 하면 누가 먼저랄 것도 없이 교회 얘기를 꺼냈다.

독수리 오형제는 지구를 지키는 게 목표였다. 우리 독수리 오자매에게도 목표가 있었다. 우리의 목표는 '동네 복음화'였다. 우리는 열심히 동네 사람들을 전도했다.
"아저씨, 예수님 믿고 구원받으세요."
"꼬마야, 언니랑 같이 교회 가자."
우리는 행복한 마음으로 예수님을 전했다. 하지만 쉬운 일은 아니었다. 동네 사람들은 거의 종교가 없거나 불교였다. 우리 아버지나 친척들 뿐만 아니라 친구들의 아버지나 친척들 중에서도 교회 다니는 걸 반대하는 사람들이 많았다.

"너, 이 계집애! 또 여기 있어?"

교회에 모여서 예배를 준비하고 있는데, 독수리 오자매 중 한 친구의 아버지가 들이닥쳤다. 친구는 벌벌 떨며 의자 뒤로 숨었다. 아버지는 성큼성큼 친구에게 다가갔고, 멍에를 친구의 목에 걸었다.

"아버지! 아파요!"

친구는 악을 쓰며 소처럼 끌려 나갔고, 우리들은 그 모습을 보며 엉엉 울었다. 친구의 아버지는 아랑곳하지 않고 친구를 끌고 밖으로 나갔다.

친구는 얼마 후에 다시 교회로 돌아올 수 있었지만, 그 후로 우리는 교회 문만 열리면 깜짝깜짝 놀라곤 했다. 하지만 우리의 믿음은 흔들리지 않았다. 반대가 심할수록 우리의 믿음은 더 견고해졌고, 아무도 우리를 막을 수 없었다.

교회를 다니지 않는 친구들은 남자, 여자 짝을 지어 놀러가기도 했다. 삼삼오오 모여서 강으로 산으로 놀러가기에 바쁜 친구들도 있었다. 하지만 우리는 교회에서 성가대원, 교사, 주보 제작자 등 1인 3역은 기본으로 해야 했다. 놀러갈 시간도 없었고, 놀러가는 게 부럽지도 않았다. 교사를 하면서 예수님을 구세주로 믿어 구원의 확신이 생겼고, 교회 아이들을 돌보는 일이 즐거웠다.

"가자!"

학교가 끝나고 독수리 오자매가 모여 그 한 마디면 충분했다. 그럼 우리는 서로 "그래!" 하며 달렸다. 누군가는 놀러가는 줄 알았겠지만, 우리의 목적지는 항상 교회였다. 교회는 우리의 아지트였고 놀이터였으며 예배당이었다.

나에게 이렇게 좋은 친구가 있다는 것이 얼마나 복인가……. 어려서지만 선과 악을 구별할 줄 아는 믿음의 친구를 만나게 된 것은 복 중의 복이라고 생각했다.

 나의 길, 오직 그가 아시나니

어린 시절 내가 가서 놀 수 있는 곳은 오직 교회 뿐이었다. 교회가 우리의 놀이터이자 삶의 기준이 됐고 나의 예배와 봉사의 장소였다. 그런 나에게 놀라운 길이 열린다.

나는 특별히 재능을 키울만한 상황도 아니었고, 재능이 있는지도 몰랐던 중학생이었다. 꿈이라면 잠이 들었을 때 꾸는 것이라는 생각밖에는 없었다. 동네 사람들을 하나님의 사람으로 만드는 게 꿈이라면 꿈이었을까? 내 자신을 위한 꿈을 펼치려는 생각은 하지 못했다. 하지만 하나님은 나의 재능을 알려주셨다. 오직 주님을 경외하니까 주어진 길, 나는 지금도 그 길을 주심에 감사한다.

하나님의 말씀을 경외하고 예배를 사모하면 하나님이 길을 주신다.

"그러나 내가 가는 길을 그가 아시나니 그가 나를 단련하신 후에는 내가 순금같이 되어 나오리라."(욥기 23:10)는 말씀처럼, 나의 길은 오직 그가 아시기 때문이다. 이 말씀은 내 삶 속에서 살아서 움직였고, 나는 그 움직임을 따라 순종했다.

'한번 쳐볼까?'

교회의 오르간을 보면서 왜 그런 생각이 들었는지 모른다. 다만 그때는 내가 기도원 집회에 다녀온 후였고, 나는 은혜로 충만한 상태였다. 그것 외에는 아주 평범한 어느 날의 오후였다. 나는 무엇에 홀린 사람처럼 오르간에 앉았고, 손을 움직였다. 건반을 하나씩 누르는데 연주가 되었다. 성가대에서 불렀던 찬양을 내가 어느새 연주하고 있었다.

나는 당연히 오르간이든 피아노든 배운 적이 없다. 장난삼아 쳐본 적도 없다. 그런 내가 오르간을 연주하다니……. 정말 하나님이 하셨다고밖에는 설명할 수 없는 일이었다. 나는 내 자신이 음악에 흥미가 있는지, 재능이 있는지도 전혀 몰랐다. 그 분야에 어떤 목적을 둔 것도 아니었고, 음악교육을 받은 것도 아니었다. 그럼에도 하나님은 찬양곡을 연주할 수 있는 지혜를 주셨다.

지금도 가끔 생각해본다. 내가 그때 만약에 음악교육을 훌륭하게 받고, 반주에 대한 비전을 품고 있었다면 어땠을까? 사실 그런 생각을 하면 아찔하다. 분명히 내가 노력한 만큼 내가 원하는 것을 이루려고 했을 것이다. 잘되지 않으면 하나님을 원망하고, 내 자신을 미워했을지도 모른다. 그러나 나도 모르는 사이에 하나님이 알려주신 길이었다. 하나님이 부어주신 은혜와 지혜만 있으면 갈 수 있는 길이었기에 나는 온전히 하나님을 의지하며 걸을 수 있었다.

'하나님, 음악의 길을 주셔서 감사해요. 악기를 통해 하나님을 찬양하는 것이 마냥 행복하답니다.'

나는 매일 감사기도를 드렸다. 초등학교 때부터 성가대에서 찬양을 했지만, 오르간으로 연주하는 것은 더욱 특별한 찬양으로 여겨졌다. 오르간 앞에 앉을 때마다 설레는 마음을 감출 수 없었고, 나는 그 설렘이 좋아서 매일 열심히 연습했다.

"삼숙아! 너 정말 오르간 배운 적 없어?"

"응!"

"정말 하나님의 은혜인가 봐. 너무 신기해."

"나도 신기해."

내가 오르간을 치고 있으면 친구들이 주위에 모여서 신기해 하며 구경했다. 직접 연주하고 있는 나도 신기했으니 친구들이 신기해하는 건 당연했다.

나는 오르간을 치면서 찬양이 주는 기쁨에 빠져 들었다. 오르간의 명랑한 소리는 내 마음을 사로 잡기에 충분했다. 나는 눈을 지그시 감고 연주하며 상상했다. 내가 공연장에서 연주를 하고, 수많은 관객들이 나를 보고 있는 상상을 하면서 나도 모르게 미소를 지었다. 하지만 눈을 뜨면 현실이었다.

음악을 전문적으로 배우고 실력을 키우고 싶지만, 음악 수업을 받는 것은 감히 상상하기도 어려웠다.

"엄마, 나 고등학교 갈 수 있을까?"

"걱정 마라. 논밭을 팔아서라도 보내줄게."

엄마는 재산을 다 팔아서라도 딸에게 공부를 시켜주고 싶었다. 하지만 그것은 마음일 뿐이었다. 정말 다 팔 수도 없지만, 정말 다 판다고 해도 내가 고등학교에 갈 수 있을지는 의문이었다. 언니들과 오빠들도 돈이 없어서 간신히 학교를 졸업했다. 막내인 나에게까지 기회가 오는 것만도 감사해야 했다. 그런데 음악 수업이라니……. 어떻게 그런 마음을 먹을 수 있겠는가?

나는 그저 교회에서 오르간을 칠 수 있는 것에 감사하며 만족하기로 했다.

하지만 그건 내 생각이었을 뿐이었다. 하나님은 나와 달리 원대한 계획을 품고 계셨다. 하나님의 계획은 정말 놀라웠으며, 감히 내가 상상할 수도 없을 만큼 위대했다.

"이는 내 생각이 너희의 생각과 다르며 내 길은 너희의 길과 다름이니라 여호와의 말씀이니라 이는 하늘이 땅보다 높음 같이 내

길은 너희의 길보다 높으며 내 생각은 너희의 생각보다 높음이니라."(이사야 55:8-9)

내 삶의 멘토와 피아노

나는 정말 오르간 생각밖에 없었다.

'자나 깨나 불조심'이라는 표어를 '자나 깨나 오르간'이라고 바꿔서 적용해도 될 만큼 그랬다. 학교에서도 틈만 나면 오르간을 쳤고, 그 모습을 본 친구들을 통해 내가 음악을 한다는 소문이 돌았다.

그래서 자연스럽게 중학교 3학년 때부터 지휘를 하게 되었다. 하지만 음악을 전문적으로 공부하고 싶다는 꿈은 꾸지 못했다. 우리 집의 형편도 좋지 않았지만, 당시 여성들은 학교에 다닐 수만 있어도 영광이라고 생각했다. 언젠가 이런 회개를 한 적이 있었다.

"하나님, 고등학교 때 기차비 안 내고 몰래 기차 탄 거 용서해 주세요."

고등학교에 다닐 수 있게 되었지만, 고등학교는 기차를 타고 15분 정도 걸리는 거리였다. 부모님은 기차비도 제대로 줄 수 없는 형편이라 미안해 했고, 형편을 뻔히 알면서 기차비를 달라고 떼를 쓸 수는 없었다. 그래서 기차에 몰래 올라타는 일이 허다했다.

차비도 마련할 수 없는 상황에서 음악을 공부한다는 건 말도 안 되는 일이었다. 하지만 내가 생각하지 않으려고 하면 할수록 음악공부에 대한 소망은 더 강하게 피어올랐다.

'삼숙아, 이건 말이 안 돼. 오르간을 공부할 수 없는 상황인건 네가 더 잘 알잖아.'

나는 내 자신에게 수도 없이 말했다.

'지금은 그냥 오르간을 칠 수 있는 것에 감사하자.'

나는 이렇게 내 자신을 위로하며, 오르간 앞에 앉아 있을 수 있는 것에 감사했다. 그러다가도 문득 나중에 공부를 할 수 있을지도 모른다는 생각이 들었다. 하지만 고생하시는 부모님을 보면 기대를 품는 것조차 죄송스러울 뿐이었다. 그런데 하나님은 그런 내가 안쓰러우셨는지 예상치 못한 만남을 선사하셨다.

그것은 내 삶의 멘토가 되신 음악선생님과의 만남이었다.

어느 날, 학교에서 음악을 가르치는 김애화 선생님이 다가와 물었다.

"삼숙아, 너 오르간 잘 친다며?"

"네, 좋아해요."

"레슨은 받았니?"

나는 고개를 저었다.

"그럼 한 번 쳐 볼래?"

선생님은 나에게 오르간 연주를 부탁했고, 나는 오르간에 앉아 즐겁게 연주를 시작했다. 오르간 건반을 만나면 내 손은 무도회에서 왈츠를 추는 여인 같았다. 음악에 맞추어 사뿐사뿐 춤을 추는 손을 보고 있으면 어느새 내 몸은 들썩거리고, 내 마음은 노래를 불렀다. 나는 한 곡을 다 연주했다. 선생님이 짝짝짝 박수를 치며 말했다.

"선생님이 레슨 해 줄게. 이번 주부터 시작하자."

"저, 돈이 없는데……."

"돈 안 내도 돼. 그럼 하는 거지?"

나는 고개를 끄덕였다. 안 할 이유가 없었다. 하나님께서 주신 기회라는 생각이 들었다.

'내게 이런 일이 있다니…….'

하나님께 감사에 감사를 드렸다.

그때 하나님이 "항상 기뻐하라. 쉬지 말고 기도해라. 모든 일에 감사해라. 이것이 너를 향한 나의 뜻이니라."(데살로니가전서 5:16-18 인용)라는 말씀을 주셨다.

나는 선생님께 레슨을 받으며 최선을 다했다. 하나님께서 기회를 허락하셨으니, 최선을 다하는 것은 내 몫이라고 생각했다. 물론 그때는 전혀 몰랐다. 내가 음악공부를 계속할 수 있을지, 대학에서 음악을 전공할 수 있을지……. 하지만 길을 열어주신 하나님께서 끝까지 나를 인도하실 것이라는 믿음만은 분명했다.

나는 본격적으로 음악수업을 받으며 더 공부할 것을 계획하게 되었다. 서울에 있는 대학에서 피아노를 전공하기로 결정하고, 혼신의 힘을 다해 연습했다.

어느 시대나 마찬가지이겠지만 대학에 진학한다는 것은 그 자체만으로도 기대감을 안겨준다. 이전의 학창 시절과는 달리 좀 더 자유로운 분위기 속에서 내가 하고 싶은 공부를 전문적으로 할 수 있는 기회이니 말이다. 특히나 당시 상황은 대학 가는 것이 다소 보편적인 분위기가 된 요즈음과는 달랐다. 특히 남쪽 바닷가에 있는 땅끝 시골에서 여학생이 고등학교 졸업 후 대학을 간다는 것은 쉽게 결정하기 어려운 일이었고 나름 큰 결단이 필요했다. 그만큼 나는 떨리면서도 기대감 넘치지만 무거운 부담감을 가지고 새로운 도전 앞에 서게 되었다. 우리 집은 나를 대학 보낼 수 있는 형편이 도저히 아니어서 사실은 대학보다는 취직을 하는 것이 더 적당했다. 그런데 취직해서 돈을 벌기는커녕 엄청난 등록금을 내야 할 형편에 놓였으니 얼마나 암담했겠는가.

게다가 대학 진학과 더불어 고향을 떠나야 했다. 이 말인즉슨 모든 생활을 내가 홀로 감당해야 하는 상황이 되었다는 것이다. 독립을 한다는 것이 자유롭고 새로운 삶의 시작으로 다가오기도 하지만 경제적인 형편이 뒷받침되지 않은 상황이라면 겁부터 나는 것이 당연하다. 그러나 하나님이 함께하심을 믿었기에 막막함 역시 미지의 세계를 향한 부푼 희망으로 바뀌어 나갈 수 있었다. 분명히 하나님이 나를 먹여 살리시고 끝까지 공부하게 하실 것을 확실하게 믿었다.

땅끝 깡촌 마을에서
서울로 오다

나는 대학입시를 앞두고 서울로 올라와 큰오빠 집에서 머물렀다. 엄마, 아빠는 내가 서울로 대학을 간다며 좋아하셨고, 나에 관한 모든 일은 큰오빠에게 일임했다. 큰오빠의 도움으로 서울에서 입시를 위한 레슨을 받을 수 있었다. 또 올케가 피아노 두 세대를 마련해 줘서 동네 아이들을 가르칠 수 있었다. 내가 레슨을 하고, 또 그 돈을 모아 내가 레슨을 받은 것이다. 하지만 서울에서 공부한 학생들에 비하면 레슨을 받는 횟수가 턱없이 부족했다. 한두 달간 몇 번의 레슨을 받은 것 가지고 대학에 합격하기를 기대하기는 힘들었다. 하지만 나는 하나님이 해주시리라 믿었다. 음악선생님과 공부할 수 있게 하신 것은 비단 고등학교 시절만을 위한 것은 아니라고 생각했다. 하나님께서 나에게 음악의 길을 예비하셨다면 내가 최선을 다해 그 길을 가야 한다고 생각했다.

나는 아침에 우유 하나를 들고 연습실로 들어가 밤까지 쉬지 않고 연습했다. 화장실에 가는 것을 제외하고는 피아노 의자에서 엉덩이를 떼지 않았다. 조금 흐트러지려고 하면 나에게 말했다.

'삼숙아, 할 수 있어. 조금만 더 참고 견디자.'

나는 그렇게 나를 격려하고 다시 이를 악물었다. 우유 하나를 조금씩 나누어 먹었다. 나의 하루 끼니는 우유 하나가 전부였지만, 나는 배고픔을 잊었다. 배고픔 따위가 내 꿈을 방해하도록 내 버려두지 않았다.

한번은 오빠 집에서 연습을 하는데, 누군가 문을 마구 두드렸다. 나는 그 소리를 듣고 나가 문을 열었다.

"피아노 소리 시끄럽다고요!"

이웃에 사는 아저씨가 소리를 버럭 질렀다.

"아, 죄송해요."

"지금 얼마나 많이 문을 두드렸는지 알아요?"

"아, 방금 오신 거 아니에요?"

"삼십 분 전부터 두드렸어요!"

"아, 죄송합니다."

나는 정말 문을 두드리는 소리를 듣지 못했다. 그 날 뿐만이 아니었다. 한 번 연습에 집중하면 아무 소리도 들리지 않았다. 오직 그 공간에는 아니 우주에는 피아노와 피아노를 치는 나만이 있었다.

드디어 합격자 발표 날.

나는 합격자 발표 명단에서 내 이름을 발견할 수 있었다. 정삼숙, 내 이름 세 글자가 그렇게 아름다워 보인 적은 처음이었다.

"하나님, 감사합니다. 정말 감사합니다."

나는 하나님의 계획 안에서 하나님이 하셨음을 고백했다.

제2장

인생의 동반자와 함께!

나의 대학생활

대학생이 되었지만, 나는 쉴 틈이 없었다. 남들처럼 음악을 체계적이고 전문적으로 공부를 한 것이 아니었기에 더 많은 노력이 필요했다. 어쩌면 하루 종일 혼자 연습을 해도 모자랄 상황이었다. 그 뿐만이 아니었다. 나는 스스로 학비, 생활비를 벌어야 했다.

'어떻게 그 많은 비용을 충당할까?'

나는 이 고민을 먼저 풀어야 했다.

나는 학비와 생활비가 얼마나 들지 계산하고, 아르바이트를 알아봤다. 그러다가 결국 기도하며 답을 얻었다.

'피아노를 가르치며 멘토가 되는 거야.'

누군가는 단지 피아노 레슨을 시작한 것이 아니냐고 물을지도 모른다. 하지만 나는 그렇게 생각하지 않았다. 피아노를 가르치는 것이 아니라, 인격을 가르쳐야 한다고 생각했다. 반주법을 익히는 것이 아니라, 성품을 익히는 것이라고 여겼다.

나는 그 생각으로 아이들을 위해 기도하며 레슨을 했다.

나는 예수님을 믿는 사람이니 예수님의 방법으로 하고 싶었다. 그저 단순히 돈을 벌려는 목적에서 하는 것보다 한 영혼을 사랑하는 마음으로 하고 싶었다. 나는 아이들을 위해 기도하며 진심을 다해 가르쳤다. 나에게 누가 맡겨지든 하나님이 주신 인연이라고 생각했다. 그 생각은 큰 힘이 되었다. 아무리 문제가 많은 아이를 레슨하게 되어도 두렵지 않았다. 하나님이 나를 통해 하실 일이 분명히 있다고 생각하니, 그 아이를 내가 함부로 할 수 없었다.

어느 목사님의 아들을 가르치게 되었다.
"삼숙 자매, 꼭 부탁해. 자매가 아니면 이 아이를 봐줄 사람이 없어."
사모님은 내 손을 잡고 간곡히 아들을 부탁했다.
"알겠어요. 걱정 마세요."
이렇게 말은 했지만, 나는 조금 두려웠다. 그 아이는 소문난 문제아였다. 원래는 공부도 잘하고 착실한 아이였는데 사춘기 때 친구를 잘못 만났다. 친구와 함께 술을 마시고 담배를 피우고, 밤거리를 배회하고 다녔다. 그러다가 대입 시험을 백지로 내고, 자포자기의 심정이었을 때 나를 만난 것이다. 처음에는 어떻게 다뤄야 할지 막막했다. 나는 꼭 기도를 하고 레슨을 했다. 하나님이 주신 인연이니 하나님의 사랑을 담아서 그 아이를 보려고 노력했다.

어느 날, 그 아이가 술을 먹고 레슨을 받으러 왔다. 놀란 가슴을 진정시키며 나는 그 아이를 붙잡고 이야기했다.
"하나님께서 널 얼마나 사랑하시는지 네가 알았으면 좋겠어. 그래서 네가 좌절하지 않고 꿈을 가질 수 있다면 얼마나 좋을까?"
아이는 들은 체도 안 했다. 그런데 신기하게도 레슨은 한 번도 빠지지 않고 왔다.

  반 년쯤 레슨을 하고 나니 아이의 태도가 약간 달라졌다는 걸 느낄 수 있었다. 아이가 대드는 횟수가 줄어들고, 반항적인 말투가 점점 부드러워졌다. 피아노가 재미있다고 말하고, 나를 잘 따르기 시작했다. 나는 그 아이와 계속 인격적인 교제를 나누었고, 그 아이는 점점 다시 공부를 해 미국에서 대학과정을 마치고 한국에 돌아와 대학원을 마친 후 지금은 교수로 일하고 있다.

  나는 사랑으로 가르쳤을 뿐인데, 정말 사랑스런 아이로 변해가는 과정을 보았다. 내가 멘토라는 자신감이 붙었다. 나에게 레슨을 부탁하는 부모님들이 늘기 시작했고, 나는 멘토라는 사실을 잊지 않기 위해 노력했다. 아이들이 사랑을 먹고 자라는 모습을 보는 것이 가장 행복했다.

  나는 레슨으로 학비와 생활비를 충당할 수 있게 되었다. 그러나 몸이 고단하기도 하고 시간도 늘 빠듯했다. 남들처럼 캠퍼스의 낭만을 즐길 여유는 전혀 없었다. 그렇지만 내 신세가 처량하다거나 안타깝다거나 하는 생각은 들지 않았다. 이렇게 대학에 진학할 수 있다는 자체가 감사했다. 물론 경제적인 여유가 넘쳐서 편하게 대학 다니면서 즐기는 삶을 사는 학생들을 보고 있노라면 부러운 생각이 잠시 들기도 했다. 그러나 그것은 영적인 시각에서 볼 때 부러워할 것도, 본받을 만한 것도 아니었다. 만약 그런 친구들만 바라보았다면 원망과 불평이 늘 엄습했겠지만 다행히 나와 함께

하시는 하나님만을 바라보고 의지할 수 있었기에 그 가운데서도 행복을 느낄 수 있었다. 무엇보다 재능이 있는데도 불구하고 공부의 기회를 갖지 못한 사람들이 얼마나 많은데 내가 투정하고 있을 수는 없었다. 이렇게 대학에서 공부할 수 있게 길을 열어주신 것만으로도 그저 감사하게 생각했다.

"하나님, 저는 하나님 덕분에 행복해요."

정말 감사했지만, 생활이 너무 단조로웠다.
집, 학교, 교회, 레슨… 집, 학교, 교회, 레슨… 집, 학교, 교회, 레슨…….

나의 대학생활은 그 네 가지가 전부였다. 내가 섬겼던 봉천중앙교회에서 어른 성가대 반주를 하고 어린이 성가대 지휘를 한 것이 특별하다고 할 수 있을까? 그 외에 특별하거나 재미있는 일은 없었다.

간혹 남학생들로부터 데이트 신청도 있었다. 그러나 누군가처럼 낭만, 미팅, 여행과 같은 청년의 즐거움이 없었을지 모르지만 나는 그 반복되는 삶 속에서 하나님을 더 의지할 수 있었다. 그리고 늘 같은 삶이 쉴 새 없이 반복되지만 결코 지루하지 않았다. 그리고 그 과정에서 좀 더 집중력 있는 삶을 꾸려갈 수 있었다. 지금 와서도 느끼는 것이지만 나태하게 대학생활을 보내는 것보다 그렇게 일분일초라도 아껴가며 세월을 보낸 것이 영적으로나 육적으로나 건강한 삶을 갖게 한 것이 아니었을까 생각된다. 뿐만 아니라 그런 삶 속에서 자연스럽게 훗날 내 자녀들에 대한 교육철학까지 정립될 수 있었던 것은 아닌지 생각된다.

나는 쉴 틈 없이 연습하고 레슨 하고 교회를 다녔다. 그리고 녹초가 되어 집에 돌아왔다.

졸업식 날, 내가 뭔가 이루었다는 벅찬 감동이 밀려왔다. 처음 대학에 들어갈 때만 해도 '내가 과연 무사히 졸업할 수 있을까?' 걱정하기도 했었다. 무엇보다 경제적 여건이 힘들었기 때문이다. 그러나 하나님은 그런 염려와 달리 이리저리 뛰게 하시고 훈련시키시며 졸업의 영광을 얻게 해주셨다. 그냥 쉽게 공부하면서 졸업을 했다면 그렇게 감사하지 않았을 텐데, 오랜 고생 끝에 얻은 졸업장이라 더욱 하나님께 감사할 수 있었다. 생각하고 또 생각해봐도 나 스스로는 할 수 없는 일이었다.

"졸업 축하해. 정말 고생하면서 잘 견뎠다."

"삼숙아, 너 정말 대단해. 졸업 축하해."

사람들은 나를 칭찬하며 축하인사를 건넸고, 나는 그 인사를 하나님께 돌려드렸다. 생각할수록 졸업까지 지켜주신 하나님께 너무 감사했고, 하나님의 도우심이 없었다면 불가능한 일이었다. 나는 하나님의 인도하심 속에서 '앞으로도 더 큰 경제적 어려움이 닥친다고 해도 하나님과 함께하면 능히 이겨낼 수 있으리라.'는 확신을 갖게 되었다.

하나님은 단지 대학생활 동안 나의 음악적인 부분만 키우신 것이 아니었다. 좀 더 하나님과 가까이 만날 수 있도록 환경을 만들어주셨고, 하나님이 얼마나 나를 사랑하시는지를 깨달을 수 있도록, 삶 속에서 더욱 생생하게 느낄 수 있도록 하셨다.

"하나님이 하셨어요. 하나님, 졸업 축하드려요."

하나님을 볼 수 있었다면 하나님께 학사모를 씌워드리면서 말하고 싶었지만, 어쩔 수 없이 기도하며 말씀드렸다.

만일 어려움 없이 공부했다면 하나님과 상관없이 내가 원하는 방향을 꿈꾸었을지도 모른다. 대학 수업을 통해 음악 실력이 늘게 되면 그때마다 마치 내가 잘해서 얻게 된 실력인 양 착각했을지도 모른다. 그러나 모자람 속에서 하나님의 채우심을 경험했기에 그렇게 생각할 수 없었다. 정말 돌아보니 모든 것이 하나님의 은혜였다.

그리고 그 기간은 내 앞날을 준비시키는 하나님의 훈련이었다.

하나님의 은혜는 거기서 멈추지 않았다. 사실 대학을 다니면서 고생을 많이 했기 때문에 더 이상 공부하기 싫은 마음이 들 법도 했다. 게다가 대학교까지 졸업한 것만으로도 당시 상황에선 많은 공부를 한 것이기에 멈출 수도 있었다. 그러나 고등학교 시절부터 본격적으로 시작된 음악 공부에 대한 열정은 좀처럼 식지 않았다. 어쩌면 나의 의지나 열정이라고 하기보다는 하나님의 인도하심이 었는지도 모른다. 마음을 주관하시는 것도 결국은 하나님이 하시는 것이니 말이다.

　하나님의 은혜로 나의 그 꿈은 현실이 되었다. 연세대학교 교육대학원 음악교육과에 진학해 음악뿐 아니라 교육학에 대한 공부도 함께 할 수 있게 되었다. 또다시 레슨으로 생활비와 학비를 충당하는 바쁜 생활이 시작되었지만, 나는 그저 감사하고 행복했다. 그리고 무엇보다 신앙생활을 게을리하지 않으려고 교회에서 꾸준히 반주로 봉사했다.

목사님 동생이요?

　그러던 어느 날, 나는 이현숙 교수님의 소개로 장학일 목사님이 시무하시는 신당동의 예수마을교회에서 반주를 하게 되었다. 내가 음악 공부를 하게 된 것도, 반주 봉사를 계속할 수 있게 된 것도 하나님의 은혜라고 생각했다. 그래서 나는 반주자에게 제공되는 사례비를 다 환원했다. 나도 형편이 좋지 않아 그 돈을 나를 위해 쓸 수도 있었지만 도무지 나를 위해 쓰고 싶은 마음이 들지 않았다. 게다가 예수마을교회의 교인들은 대부분 중앙시장에서 장사를 하거나 재봉 일을 하는 분들이었다. 모두 넉넉한 상황이 아니었기에 더욱 환원하고 싶었는지도 모르겠다. 나는 남모르게 어려운 사람들을 돕는 데에 반주비를 썼다. 그런데 어떻게 그 사실을 장학일 목사님이 알게 되었다. 항상 반주비를 다시 환원하는 것에 감동을 받으신 장학일 목사님은 나를 불러서 물었다.

"자매님, 교제하는 형제가 있나요?"

사실 그런 질문은 여러 차례 받았다. 결혼 적령기가 되었기 때문인지 이런저런 조건의 사람을 만나보라는 권유를 받곤 했다. 그런데 웬일인지 내키지 않았다. 괜찮은 조건의 사람들이었는데, 아직은 남자를 만날 때가 아니라는 생각이 들었다.

"아니오. 없어요, 목사님."

"그럼 내가 좋은 남자를 소개해 줄까요?"

"누군데요?"

"내 동생이요."

"목사님 동생이요?"

나는 눈이 휘둥그레졌고, 목사님은 살며시 웃으며 고개를 끄덕거렸다.

바쁘고 억척스럽게 공부하고 생활하다보니 벌써 결혼 적령기가 되었다. 아니 당시의 상황으로 봤을 때는 좀 늦은 나이가 되었다. 그 시절만 해도 고등학교 졸업하고 바로 결혼하는 경우가 부지기수였고, 대학에 들어갔다고 해도 졸업 후 바로 결혼하는 경우가 많았다. 그러나 나는 대학원 과정 때까지 아직 결혼하는 것에 신경을 쓰지 않았다.

그동안 자연스럽게 여기저기 소개시켜주는 분들이 계셨다. 나름 최선의 조건에 괜찮으신 분들을 소개하며 만나보라고 했다.

대부분 좀 더 편안하고 부유한 삶을 추구한다. 그러기에 소개해 준 사람이 넉넉한 조건을 가졌다면 당연 끌리기 마련일 것이다. 나 역시도 당연 그래야 마땅했다. 게다가 나는 여유가 있는 것도 아니고, 공부하느라 고생은 고생대로 했으니 이제부터는 남편 덕을 보면서 여유롭게 살고 싶은 마음이 왜 없었겠는가?

그런데 정말 신기하게도, 넉넉하고 화려한 결혼생활을 보장한다는 사람들이 있었음에도 마음이 가지 않았다. 나라고 그런 것을 마다할 이유가 없는데……. 결국 그런 소개를 다 마다했다. 아무래도 하나님이 화려함을 찾는 눈을 없애주신 것 같다. 그것이 아니고서는 인간적인 생각에서 그런 조건 좋은 분들을 거절할 이유가 없었다.

화려함을 찾는 눈을 없애주신 것은 순간적인 사건만은 아니었다. 대학에 진학하고 나서부터 하나님은 꾸준히 나를 그렇게 훈련시키신 것 같다. 교회 봉사나 공부하는 것에 대한 욕심과 미련은 많았지만 나를 꾸미고 가꾸는 것에는 소홀했다. 원래부터 내 성향이 그래서라기보다는 하나님께서 개입하신 것이 분명했다.

그런 과정이 이어지면서 결혼에 대해서도 화려함을 추구하지 않게 해주신 것이다. 그런데 화려함의 눈을 없애 주셨긴 해도 이리저리 미련이 생기고 부담이 되었다. 왜냐하면 결혼은 나 혼자만이 하는 것이 아니니 말이다. 가족과 가족이 결합되는 중요한 일이기 때문에 가족의 의견도 중요했다. 나는 비록 거절을 했지만 우리 가족들의 의견은 달랐을 수도 있다. 특히 딸이 넉넉한 집안에 시집간다면 오히려 적극적으로 찬성할 것이 분명하다. 그런데 그 부분을 고려하지 않고 좋은 제안을 거절했으니 가족만 생각하면 부담이 되곤 했다. 그런 부담이 있었지만 하나님의 개입 속에서 모든 제안을 잘 넘겼다.

그런데 이상했다. 그전에는 소개해 준다는 분들의 이야기를 장난스럽게 넘겼는데, 이번에는 왠지 진지하게 들렸다. 오히려 과거에 소개받은 분들에 비해 세상적인 기준에서 더 넉넉하거나 소위 좋은 조건이 아님에도 그것은 전혀 중요하지 않았다. 그래서 마음이 이끌리는 대로 목사님의 동생을 소개받았다.

그분은 당시 교회 개척을 앞두고 있는 장학봉 전도사님이었다. 교회를 함께 다녔지만 그동안 별다른 감정은 없었다. 나는 학교와 레슨을 병행하며 분주한 생활을 했고, 장전도사님도 성가대 지휘와 전도사 사역을 병행하느라 분주했다. 너무 배고프고 힘들어 보여서 그저 안쓰럽기는 했으나, 이성적 감정은 아니었다. 게다가 나는 이미 여러 목회자분들을 보면서 목회의 길이 얼마나 힘든지 알고 있었다. 더군다나 사모의 길은 좋은 성품을 타고나야 가능하다고 생각했다. 그리고 그땐 목회자의 길을 간다는 것이 지금보다는 더 험난한 길이었다. 여러모로 목회자를 만난다는 것은 쉽게 결단할 수 있는 일이 아니었다.

더군다나 나는 사모의 비전을 품고 있던 사람도 아니었다. 사모가 되는 것이 싫어서가 아니라, 아예 생각해 본 적이 없었다. 나는 음악 공부가 좋아서 계속 공부하고 주님을 잘 섬기는 것에만 뜻을 두었을 뿐 그 외의 삶에 대해서는 잘 생각해 보지 않았다. 그런데 예상치 못한 상황에 처한 것이다. 그리고 무엇보다 내 마음이 움직이기 시작했다. 그렇게 장학일 목사님의 주선으로 장학봉 전도사님과 만남이 시작되었다.

우리는 성도들이 눈치채지 못하게 비밀 연애를 시작했다. 목회자이기 때문에 각별히 조심해야 했다. 성가대 연습시간을 마치면 저녁 9시가 되는데 시장에서 몰래 만났다. 그리고 같이 저녁식사를 하고 신당동에서 봉천동에 있는 우리 집까지 데려다 주었는데 그러면 시간이 자정이 다 돼갔다.

나는 연애를 하는 동안, 안타까운 마음을 감출 수 없었다. 전도사님은 생활비가 없으니까 항상 무릎이 나오고 허름한 옷만 입었다. 데이트를 하려고 만났는데, 옷을 보니 도저히 안 되겠다는 생각이 들었다.

"전도사님, 우리 동대문에 가요."

"동대문에는 왜요?"

"그냥 가요."

"아, 가고 싶다면 그래요. 알았어요."

우리는 동대문에 갔다. 나는 양복가게에 가서 양복을 골랐다.

"도저히 못 보겠어요. 양복 하나 사드릴게요."

그때 당시 9천 원짜리 양복을 샀다. 옷이 날개라는 말이 실감이 났다. 전도사님이 양복을 갈아입으니 정말 딴 사람 같았다.

"멋있어요."

"고마워요."

전도사님은 환하게 웃으며 감사의 뜻을 전했고, 내 마음도 덩달아 환해졌다. 그렇게 우리의 데이트는 재미있는 에피소드도, 특별한 이야기도 없다. 하지만 참 행복한 시절이었다.

"결혼합시다."

개척을 앞둔 애인의 말이었다. 그러니까 청혼을 받은 거였다. 그때 나는 대학원 합격 4개월 만이었고 집에는 청혼 사실조차 알리지 않은 상태였다. 그런데 나는 그의 청혼을 수락했고, 사모의 길을 가기로 결심했다. 하지만 나의 결심만으로 결혼할 수 있는 것은 아니었다. 그는 개척을 열심히 준비했고, 나도 그를 따라 개척한 교회로 옮겼다.

한 달 후에 결혼식이 예정되어 있었기에 교인들도 나를 사모로 인정해 주었다. 그의 가족들에게 인사를 다니고, 결혼식장을 결정했다. 우리는 누가 봐도 행복한 예비부부였다.

그러나 나는 마음껏 웃을 수 없었다. 가족의 거센 반대가 불 보듯 보였기 때문이다. 오빠에게 이야기를 해야 되는데, 맞아 죽을 것 같아서 얘기를 못 꺼냈다. 그러다 결혼 10여 일을 앞두고 용기를 갖기 위해 나는 집을 나와 기도원으로 갔다. 기도원에 가서 기도하고 싶었다. 하나님의 도움을 받고 싶었다.

기도원에 도착해서 기도했다.

"하나님, 총각 목회는 할 수 없잖아요. 내가 장학봉 전도사님에게 도움이 된다면, 하나님이 주신 부부의 인연이라면 도와주세요. 현실과 상황이 그렇지 않더라고 밀고 나갈 용기를 주세요."

3일 동안 금식하며 오직 주님께 매달렸다. 하지만 기도원에 갔다 와서 바뀐 건 없었다. 다만 '죽으면 죽으리라. 한 번 죽지 두 번 죽나 하는 심정으로 오빠와 가족에게 이야기하리라.'는 용기를 하나님이 주셨다. 내 마음은 평안했다. 기도원에서 내려와 오빠와 올케에게 일주일 후에 결혼한다고 일방적으로 이야기를 했다.

우리 집은 난리가 났다.

"누구랑 결혼을 해? 어림없는 소리 하지도 마!"

나의 결혼 소식을 접한 큰오빠는 언성을 높였다. 우리 집안에서 큰오빠는 그야말로 실세였다. 시골에 계신 부모님 대신 나를 돌봐주고, 집안의 대소사는 큰오빠가 결정하는 대로 진행되었다. 어쩌면 우리 형제들에게는 부모님보다 더 부모 노릇을 하는 맏이였다. 그런 큰오빠가 결혼을 반대하니 나는 정말 가슴이 아팠다. 좀 더 좋은 환경의 좋은 집안으로 시집보내고 싶은 오빠의 마음을 모르는 건 아니었다. 여러 말로 설명하고 사정을 했지만 큰오빠는 조금도 양보하지 않았고 더 거칠게 반대를 했다. 그 반대는 생각보다 거세어 나와 관계가 단절될 위기까지 맞게 되었다.

급기야 가족들은 나를 정신병원에 보내려고 하였다. 그 정도라면 이제 두 손 두 발 다 들어야 할 상황이다. 만약 그런 중에도 가족의 반대를 뿌리치려면 관계를 단절하는 방법밖에 없었다. 때로는 이 결혼이 하나님의 뜻이 아니면 어쩌나 하는 염려도 생겼다. 하나님의 뜻이라면 이렇게까지 거센 반대에 부딪힐까 싶었다. 그러나 나의 혹시나 하는 마음에 하나님은 말씀을 주셨다.

"사람의 마음에는 많은 계획이 있어도 오직 여호와 뜻만이 완전히 서리라."(잠언 19:21)

마음이 평안해졌다.

이 말씀은 나에게 하나님의 뜻으로 이루어진 결혼이라는 확신을 주었고, 믿음의 가정에 대한 꿈을 주었다.

하나님께서는 당시 나에게 남다른 비전을 꿈꾸게 하셨다. 바로 믿음의 가정에 대한 비전이었다. 그 어떤 가정보다도 믿음의 가정이 그렇게 아름다워 보일 수 없었다. 그래서 음악공부에 대한 비전도 가득했지만, 믿음의 가정을 세우고 그 안에서 하나님의 자녀를 키워나가는 것에 대한 열정도 강력했다. 그런 마음을 청년 시절에도 간직하게 하셨고 결혼하게 될 시기에 더 간절하게 하셨기에 그 위기 가운데서도 정신을 차릴 수 있었다. 그리고 걱정이 되는 부분도 너무나 많지만 나름 희망을 가졌다. 하나님의 뜻이라면 다 잘될 거라 믿었다.

가족이야 그렇다 쳐도 친구들은 또 다른 관계이기에 이해해 줄 거라 믿었지만 그들 역시 기대할 것이 못 되었다. 누구나 축복 속에서 결혼하고 싶어 할 것이다. 결혼을 준비하는 과정에서도 가족과 함께 즐거워하며 준비하는 것을 기대할 것이다. 그러나 나는 이제 그런 결혼은 꿈도 못 꿀 상황이 되었다. 인생에서 가장 중요한 대사를 상처 속에 치러야 한다는 현실이 서글펐다.

그래도 그 상황에 휩쓸려가지 않았다. 내 생각대로라면 가족들 말에 따라 이 결혼을 포기했을지도 모를 텐데 하나님께서는 마음을 다잡게 해 주셨다. 시련이 있을수록 나는 더 강해졌다. 물론 나라고 해서 이 결혼에 대해 희망찬 미래를 그리고 있는 것만은 아니었다. 솔직히 말하면 나도 두려웠다. 어떤 일이 벌어질지도 모르고 경제적인 부분도 안정을 장담할 수가 없었다. 하지만 내 마음은 이미 결정되었고, 하나님의 계획이라는 확신이 있었다.

오빠의 마음은 여전히 요동치고 있었다. 오빠의 말을 듣고 모든 가족이 반대 깃발을 들고 나섰다. 오빠는 격노하면서 포기 상태로 말했다.

"우리는 결혼식장에 안 갈 테니 네 맘대로 알아서 해!"

나는 할 수 없이 가족들이 없는 결혼식을 하기로 마음 먹었다.

나 홀로 결혼준비를 했다.

이불과 찻잔을 사서 장롱 위에 숨겨놓았다. 신혼집을 구한 후에 장롱 위에서 물건들을 꺼내 옮겼다. 폐백음식도 스스로 주문해서 결혼식 전에 찾아다 놓았다.

드디어 결혼식 날이 되었다.

신부대기실에서 드레스를 입고 앉아 있는데, 가슴이 울컥거렸다. 아무도 도와주지 않았던 준비 과정의 설움이 가슴에 남아서 눈물샘을 자극했다. 하지만 이를 악물고 참았다. 눈물이 한 번 터지면 도저히 걷잡을 수 없을 것 같았다.

'어쩔 수 없는 상황이니까 결혼해서 잘 사는 거 보여주자.'

나는 이렇게 생각하며 결혼식장에 들어섰다. 신부 측 객석이 텅 비어 있었다. 신랑 측 하객 600여 명, 우리 하객 20여 명, 이것이 우리 결혼의 그림이다. 가난한 전도사한테 시집 간다니까 친구들도 몇 명 오지 않았다.

'하나님, 정말 우리 가족은 안 오는 걸까요?'

나는 마음 속으로 하나님의 발목을 잡고 내내 기도했다. 주례 앞에 서 있는 나는 심한 심적 부담으로 식은땀이 나고 다리가 후들거리며 쓰러질 것 같았다.

어느새 결혼식이 끝나고, 가족들과 함께 사진을 찍는 시간이 되었다.

누군가 신랑에게 다가와 인사를 건넸다.

"잘 부탁하네."

큰오빠였다. 그렇게 반대를 했던 큰오빠가 와준 것이다. 다른 가족들과 부모님의 모습도 보였다. 신랑은 장인을 결혼식장에서 처음으로 만난 것이다. 가족들의 모습을 보니 아주 많이 감사했다. 마지못해 와 줬겠지만 그래도 감사했다.

60만원으로 시집을 왔다. 가족들과의 관계가 단절되고 친구도 잃게 될 상황이었지만 결혼까지 오게 하신 하나님께 감사했다. 지금까지 인도하신 것도 기적이라면 기적이다. 홍해가 갈라진 것만이 기적이 아니라, 내가 상경하여 홀로 생활을 해나가고, 학교를 다닐 수 있고, 반주로 봉사할 수 있게 된 것도 기적이고, 이렇게 하나님이 허락하신 결혼을 할 수 있게 된 것도 기적이었다. 그만큼 그 기적 같은 은혜에 감사할 따름이었다. 그러기에 더 잘 살려고 했고 더 기죽지 않으려 했다.

 ## 아이들만은 잘 기를게요

"무슨 생각 해요? 바다 보러 나가야죠."

남편은 다정하게 말을 걸었다.

"네, 그래요."

나는 남편을 따라나섰다.

남편과 나는 해운대 바닷가로 나갔다. 신혼여행도 포기해야 하나 생각했는데 다행히 축의금으로 신혼여행을 갈 수 있었다. 장소는 중요하지 않았다. 그저 함께 여행을 갈 수 있는 것만으로 감사했다. 나는 드넓은 바다를 보며 남편에게 말했다.

"나는 당신의 목회를 잘 내조하는 사모는 될 수 없을지도 몰라요. 하지만 자녀들로 인해 목회의 어려움을 겪게 하지는 않을게요."

남편에게는 생뚱맞은 소리로 들릴지 모르나, 나에게는 오랜 생각이 말로 표현된 것 뿐이었다. 반주자로 여러 교회에서 봉사를 하면서, 목회자의 자녀들을 가르쳤는데 내 마음속에는 항상 있던 생각이었다. 목회자가 자녀 때문에 속상해하는 모습을 많이 보았고, 자녀에게 문제가 있어서 자녀에 관한 설교를 하지 못하는 모습도 많이 보았다. '내 자녀도 간수 못 하면서 누굴 가르치나.' 하며 고뇌하는 목회자도 보았고, 성도들도 자신의 자녀 하나 교육 못 하는 목회자를 원하지 않았다. 나는 혹시 목회자와 결혼하게 되면 자녀 때문에 목회에 어려움을 겪게 하고 싶지는 않았다. 그 생각을 할 때만 해도 사모가 될 생각은 없었지만, 하나님의 뜻에 따라 사모가 되었다. 그리고 지금은 그것이 더 간절한 바람이고 일순위 기도제목이 되었다.

남편은 내 말을 듣고 곰곰이 생각하더니 말했다.

"당신 말을 듣고 보니 정말 자녀의 문제 때문에 지탄받는 것은 참 속상하겠단 생각이 들어요."

"네, 그런 일은 꼭 없도록 할게요."

나는 힘주어 말했다. 그리고 열심히 기도했다.

"하나님, 제 남편과 저뿐만이 아니라 저희에게 주실 자녀에게도 축복을 주셔서, 영육간에 강건함을 주시고, 주님의 제자로 성장하게 하소서. 그런 믿음의 가정을 이루고 싶습니다."

나는 '믿음의 가정'을 이루고 싶었다. 내가 말하는 믿음의 가정이라는 것은 단순히 하나님을 믿는 데서 그치지는 않는다. 스스로의 믿음 뿐만 아니라 자녀의 양육까지 이어져 하나님 보시기에 좋은 가정을 이루고 싶었다. 사실 나의 비전은 '음악가'였지만, 결혼을 하면서 개인의 비전은 자연스레 접어둘 수밖에 없었다. 믿음의 가정을 세우고 그 안에서 하나님의 자녀를 키워나가는 것에 대한 열정이 가득해졌다. 걱정하고 염려했던 가족들에게 행복한 가정을 보여주고 싶은 마음도 있었다.

그런데 신혼여행 중에 어찌하다 돈이 든 지갑을 잃어버렸다. 우리는 3일 동안 방 안에만 있어야 했지만 오히려 더 많은 대화를 할 수 있었다.

나는 꿈에 부풀었다.

원래부터 믿음의 가정을 아름답게 만들어나가는 것이 꿈이었는데, 이제 본격적으로 착수해야 할 때가 온 것이다. 가족 모두가 하나님을 섬기고, 늘 예배가 있는 가정이 머릿속에 그려졌다. 나는 훌륭한 그림을 그리기 위해서는 무엇부터 먼저 해야 하는지 생각했다.

'건강한 자녀를 낳고 하나님 안에서 성경적으로 교육시켜야 해. 뿐만 아니라, 사모로서 교회에 헌신해야지. 그러면서도 내가 원래 꿈꾸었던 음악과 공부에 대한 계획은 놓지 말아야지. 보통 결혼과 동시에 일과 공부를 접는 여성들이 많지만 나는 결코 그러지 않을 거야. 공부에 대한 열정과 꿈을 접고 살림만 하는 사람은 되기 싫어.'

채색을 아직 할 수는 없지만, 스케치만은 훌륭하다고 생각했다. 물론 그 모든 것들을 하나님이 허락하시리라 믿었다. 내가 공부를 포기하지 않는 것은 내 욕심 때문이 아니라 하나님의 일을 위한 것이라고 굳게 믿었다.

'하나님, 꼭 믿음의 가정을 이룰 거예요. 이 바다가 증인이에요.'

바다는 마치 내 마음의 말에 대답을 해주는 듯이 철썩 파도를 쳤다. 파도소리가 참 시원하고 경쾌했다.

"이제 식사하러 갈까요?"

"네, 맛있는 거 먹으러 가요."

나는 남편을 따라가다가 다시 한 번 뒤돌아 보았다. 바다가 나를 향해 웃어주었다. 나도 따라 웃었다.

'바다야, 나중에 자녀들과 함께 와서 보여줄게, 내가 꿈을 이룬 모습을……'

내 마음 속에서 부푼 꿈이 웃어주었다. 나는 마냥 설레고 행복했다. 그렇게 바다와 나눈 꿈이 금세 나의 마음을 탈출해 순식간에 멀어질 거란 사실은 전혀 예상할 수 없었다.

상가 계단 아래 단칸방

신혼집은 보증금 3백만 원에 월세 10만원을 내기로 하고 얻은 집이었다. 상가 계단 옆에 있는 좁은 방이었고, 바로 계단 밑에 부엌이 있어서 밥할 때 고개를 들 수가 없었다. 나는 당연한 일이라고 생각했다. 개척교회 사모로 시집올 때부터 각오한 일이었다. 하지만 생각과 현실은 달랐다. 생각보다 훨씬 더 힘들고 고달픈 것이 현실이었다.

우리 방은 비키니 옷장 하나에 수년 된 낡은 텔레비전이 전부였다, 사실 신랑 장전도사는 충분히 도움을 받아 넉넉하게 개척을 준비할 수 있는 사람이었다. 당시 가장 유명한 목사님 중 한 분인 작은아버지가 계셨고, 장학일 목사님 교회에서 4년간 전도사로 사역하고 개척하였기에 최소 생활비나 교회를 개척할 지원금을 받을 수 있었다. 그러나 장전도사는 그것을 원하지 않았다. 그러다

보니 교회 사정은 뻔했다. 보증금 3백만 원에 월세 12만원을 내야 하는, 상가 1층의 다섯 평 반짜리 교회였다. 다행히 개척 멤버로 다섯 가정이 있어서 힘을 보태주었지만, 우리가 생활을 할 수 있는 정도는 아니었다.

"사모님, 많이 힘드시죠?"
"아니에요. 이것도 감사한걸요."

회계를 담당하던 성도가 사례비를 주면서 말했다. 나는 감사하며 받았다. 하지만 5만 원 남짓한 사례비로 한 가족이 사는 것은 어림도 없었다. 일단 경제적인 위기가 너무나 심했다. 미리 예상했던 것이었지만 예상보다 마음은 훨씬 더 힘들었다. 앞이 캄캄했다. 사실 그리스도인은 물질적인 것을 초월하여 살아야 한다고 믿지만, 막상 돈 한 푼 없는 위기의 상황이 되니 믿음과는 상반되는 마음을 품게 되었다. 그 순간에도 나의 생활을 책임지실 하나님을 믿어야 하는데, 그 순간에는 그 믿음이 너무나 쉽게 흔들렸다.

"하나님, 쌀이 없어요."

하나님께 고백하며 울었다. 차라리 나 혼자라면 그냥 굶고 말았을 것이다. 그런데 말씀 전하고 심방하고 전도하느라 애쓴 남편이 들어왔는데 밥을 차려주지 못한다는 건 고통이었다. 나 혼자 아끼고 굶는 것으로 해결될 문제가 아니라는 게 제일 힘들었다. 그렇다고 누군가에게 손을 벌릴 수 있는 상황도 아니었다. 가족과 친구들과는 이미 관계가 단절된 상태였다. 특히 가족한테 어려운 일로 연락하고 싶지 않았다. 이런 상황을 예상하고 반대했던 가족에게 진짜 이런 상황이 되었다고 어떻게 얘기할 수 있겠는가? 내가 과일이라도 사들고 갈 수 있는 형편이 되기 전에는 가족에게 연락하고 싶지 않았다.

다시 레슨을

결국 레슨을 다시 시작해야겠다는 생각이 들었다. 사례비로는 생활이 되지 않고, 그 사례비마저 다시 헌금하고 싶어 하는 남편이었다. 그렇게 곧은 남편에게 반찬도 없는 식사를 차려주는 내 마음이 힘들어서 내린 결정이었다.

"오늘도 참 맛있네요."

남편은 언제나 내가 차려주는 식사라면 참 맛있게 먹으며 행복해했다. 나는 그런 남편의 모습에 감사하며, 다시 한 번 내가 희생해야겠다고 마음 먹었다.

"레슨을 다시 시작해야겠어요."

남편은 만감이 교차하는 표정으로 나를 보았다. 고생시키고 싶지 않은 마음과 그래도 말릴 수 없는 마음이 동시에 읽혔다.

"다시 해도 되지요?"

남편은 말없이 고개를 끄덕였다.

"나, 피아노 가르치는 거 엄청 좋아하잖아요. 다시 하게 해줘서 고마워요."

남편은 미소를 한 번 짓고는 다시 식사를 했다.

'그래, 내가 좋아하는 음악을 다시 하는 건데, 뭐. 긍정적으로 생각하자.'

나는 나를 위로하며, 설거지를 했다. 입은 웃고 있었는데, 눈은 눈치도 없이 눈물을 쏟아냈다.

영화 같은 이야기

개척하고 3개월이 지났다. 여전히 사례비는 얼마 되지 않았고, 남편은 그마저도 다시 교회의 재정으로 쓰기 위해 헌금했다. 나는 레슨을 다시 시작했고, 그럭저럭 생활비를 마련할 수 있었다. 차츰 안정을 찾아간다고 생각했는데, 남편이 뜬금없는 얘기를 꺼냈다.

"교회를 이사해야겠어요."

"네? 우리 3개월 밖에 되지 않았는데요?"

나는 너무 놀라서 물었다.

"성도가 30명으로 늘었잖아요. 지금 교회는 너무 좁아요."

남편의 말이 맞았다. 다섯 평 반의 공간에 30명이 들어가는 건 무리였다. 매 주일마다 무리라는 걸 실감하고 있었다. 하지만 이제 자리가 잡혀가는데, 또 이사라니……. 나는 얼마나 힘들지 걱정이 되었다. 게다가 우리는 돈도 없었다.

"당신 마음은 알아요. 그런데 우리 돈이 없잖아요."

"하나님이 마련해 주시겠죠."

남편은 굳게 믿고 있었다. 나도 하나님이 예비하셨으리라 생각했지만, 남편에 비해서는 턱없이 작은 믿음이었다. 생각으로는 믿었지만 믿음이 실현되리라는 건 믿지 못했다.

"정말 옮겨야 해요?"

남편은 확고했고, 나는 수긍할 수밖에 없었다.

남편은 큰 교회를 돌아다니며 담임목사님들께 자신의 비전을 이야기하고, 5백만 원을 꿔달라고 했다. 참 터무니 없는 일이었을 텐데, 남편의 믿음이 그분들의 마음을 움직였다.

"그래, 알겠네. 꼭 믿음으로 승리하게나."

세 분의 목사님이 5백만 원씩을 내주었다. 그렇게 1,500만원이 마련되었고, 남편과 나는 부동산을 돌아다녔다. 교회 자리를 알아본다고 하면 싫어하는 사람도 있었고, 터무니 없이 큰 공간을 보여주는 사람도 있었다.

"아, 여기 마음에 드네요."

남편의 입에서 그 말이 흘러나왔을 때 나는 너무 지쳐 있었다. 하나님이 예비하신 장소가 정말 있는지 의심이 되었고, 구할 수 없을지도 모른다고 생각하고 있었다. 하지만 정말 하나님이 예비해주신 곳이 나왔다. 상가 1층에 있는 42평짜리 사무실이었다.

"여기로 하고 싶네요."

"아, 그런데 여기는 두 층을 한꺼번에 얻으셔야 해요."

부동산 사장의 입에서는 황당한 말이 튀어 나왔다. 우리는 한 층만 얻으면 되는데, 한 층만 얻기도 빠듯한데 두 층을 한꺼번에 얻으라니…….

"여기 주인이 1, 2층을 한 사람에게 세 놓고 싶대요."

나는 "그럼 힘들겠어요." 하고 말했고, 남편은 "생각해 보고 오겠다."고 했다.

집으로 돌아와 남편과 나는 가만히 앉았다. 둘 다 그 곳을 얻고 싶었지만, 둘 다 돈에 관한 문제에서 자유로울 수는 없었다. 두 층의 보증금은 총 4,200만 원이었다. 큰 교회 세 곳에서 도와준 돈이 1,500만 원. 교회 보증금과 그 동안의 헌금을 합친 금액이 5백만 원. 그렇게 2,000만 원이 마련되었다. 하지만 그곳을 얻으려면 2,200만 원이 더 필요했다. 우리가 가진 돈의 배가 넘는 돈을 어디서 구한단 말인가?

"여보, 두 층을 함께 얻는 건 아무래도 무리예요."

나는 걱정이 가득한 말투로 말했다.

"나도 알아요. 그런데 두 층을 얻으면 좋긴 하겠어요. 한 층은 교육관으로 쓰면 되니까요."

"그건 그렇지만 2,200만 원을 어디서 구해요?"

"기도해 봅시다. 하나님 뜻이면 우리가 생각하지 못한 방법으로 구해지겠지요."

그렇게 말하는 남편이 존경스러웠지만, 나는 그저 한숨만 나왔다. 한두 푼도 아니고 2,200만 원을 구할 방법은 도무지 생각나지 않았다. 하지만 내가 간과하고 있는 사실이 있었다. 하나님은 내가 생각하지 못한 방법으로 도우신다는 것이다.

아는 언니와 통화를 하게 되었다. 내 사정을 잘 아는 사람은 그 언니 뿐이었다. 다시 연락되는 친구들이 몇 명 있었지만, 그 친구들은 내 사정을 전혀 몰랐다.
언젠가 한번 우리 동네에 놀러 온 친구들이 물었다.
"너희 교회는 어디에 있어?"
내가 손가락으로 가리키면 볼 수 있는 곳에 우리 교회가 있었다. 하지만 나는 그렇게 작은 교회가 우리 교회라는 게 부끄러웠다.
"이쪽은 아니야. 여기서 좀 더 가야 해."
나는 그렇게 말하고 교회 위치를 숨겼다. 교회를 알면 내 사정도 아는 거였다. 나는 내 사정을 알리는 것에 떳떳할 수 없었다.

언니는 내 사정을 듣더니 물었다.
"꼭 두 층을 함께 얻어야 한대?"
"응, 주인이 그러길 원한대. 남편도 함께 얻을 수 있다면 좋겠다는데, 돈이 너무 많이 모자라서……."

언니는 내 사정을 듣고 함께 걱정해 주었고, 우리는 걱정에서 벗어나 이런저런 수다를 떨었다. 그러다가 전화를 끊을 즈음, 언니가 말했다.

"이렇게 하면 어떨까?"

"뭘?"

"너희 교회 말이야. 언니가 모자란 돈을 줄 테니까 네가 2층에서 피아노학원을 하고, 그 수익금을 나한테 주는 거야. 그리고 주일에는 교육관으로 쓰면 좋지 않을까?"

나는 언니의 말을 듣고, 사람이 생각할 수 없는 하나님의 방법임을 깨달았다.

"정말 그래도 되는 거야?"

"그럼. 레슨도 거기서 하고, 나는 뭐 수익금을 받는 거니까, 공짜는 아니잖아."

"그래도 내 입장에선 너무 고맙지."

"그래, 그럼 그렇게 하자."

나는 전화를 끊고, 남편에게 바로 달려갔다. 이 기쁜 소식을 얼른 알려주고 싶었다. 교회에서 기도를 하고 있던 남편은 눈이 휘둥그레졌다.

"여보, 뭐가 그렇게 급해요?"

나는 숨을 헉헉대며 말했다.

"됐어요!"

"뭐가요?"

"교회요! 해결됐어요!"

남편은 무슨 말인지 알아듣지 못했다. 나는 의자에 앉았고, 남편도 앉으라고 했다. 그리고 남편을 보며 차근차근 설명해 주었다. 이야기를 다 듣고 난 남편은 마치 극장에서 감동적인 영화를 보고 바로 나온 사람 같았다.

"정말이에요?"

남편은 자신이 본 영화가 실화였냐고 묻는 것 같았다. 나는 고개를 끄덕이며 그렇다고 했다.

"하나님, 감사합니다."

남편은 하나님께 먼저 감사를 올리고, 내 손을 잡았다.

"정말 잘 되었지요?"

내가 묻자 남편은 눈시울을 붉히며 고개를 끄덕였다.

이상한 나라, 동굴 속에서

우리는 상가의 1층과 2층을 한꺼번에 얻었다. 다섯 평 반의 교회가 3개월 만에 이렇게 부흥을 이룬 것은 하나님이 하셨다고 밖에는 설명할 수 없는 일이었다. 우리 삶에는 그 기적에 대한 감사가 흘러 넘쳤다.

"하나님, 감사합니다. 기쁨으로 감당할게요."

나는 매일 고백했다. 그렇게 고백하지 않으면 감사를 잊을지도 몰랐다. 대학원을 다니고 있었는데, 교회를 옮기면서 할 일은 배가 되었다. 게다가 평일에는 피아노학원에서 레슨을 해야 했다. 학원의 아이들은 날이 갈수록 많아졌고, 40여 명의 아이들을 혼자 가르쳐야 했다. 정말 시간을 쪼개고 쪼개서 일하고 공부하고 봉사했다.

"너는 하루가 48시간이지?"

친구가 물었다.

"정말 그랬으면 좋겠다."

나는 진심을 담아 대답했다. 대학원에서 교회로, 교회에서 피아노학원으로, 피아노학원에서 집으로 마치 순간이동을 하는 것 같았다. 하루가 모자랐다. 잠자리에 누우면 미처 하지 못한 일이 떠올라 다시 벌떡 일어나기도 했고, 대학원 과제가 있는 날은 밤을 새기도 했다. 48시간이면 어떻게 해볼 것도 같은데, 24시간은 정말 턱 없이 부족했다. 감사하지 않으면 내가 언제 무너질지 몰랐다. 나는 감사하고 또 감사하려고 노력했다. 하지만 언젠가부터 몸이 가라앉고 쉽게 피곤해졌다. 쉴 새 없이 하품이 나오고, 금세 지쳤다. 나는 피로가 누적되어 일어나는 몸의 이상이라고 생각했다. 그러나 나의 생각이 틀리다는 걸 곧 알 수 있었다. 그것은 여호와 하나님의 기업이 내 몸에 들어왔다는 신호였다.

"임신입니다. 축하드려요."

나는 혹시나 하고 찾아간 산부인과에서 이 기쁜 소식을 들었다. 지금 생각하면 그 상황에 아이를 갖는다는 건 큰 염려를 부르는 일이었다. 내가 할 일이 더 많이 생길 것이고, 경제적인 부담도 커질 것이 분명했다. 기쁜 소식이라기보다는 걱정거리였을지도 몰랐다. 하지만 이상했다. 자녀가 생긴다는 마음에 그저 기쁠 뿐이었다. 하나님께서 기업을 주셨으니, 어떤 기업주보다도 부자가 된 느낌이었다.

"나, 임신이래요."
"정말?"
임신소식을 들은 남편은 무척 기뻐했다. 남편의 표정을 보며, 이것은 기쁨일 수밖에 없는 일이라고 생각했다. 하지만 임신의 기쁨은 잠시였다. 경제적 위기 가운데 하루하루를 살아야 했고, 레슨도 놓을 수 없었다. 교회의 사역과 살림에 레슨까지, 임신 전과 별다를 바 없이 감당해야 했다. 아기의 건강이 걱정되기도 했다.

'아기의 건강을 위해서라도 좀 쉬어야 할 텐데……'
이런 생각을 수도 없이 했다. 하지만 선택의 여지가 없는 상황이었다. 무엇보다 가장 힘든 건 나의 꿈을 포기해야 하는 상황이었다.

나는 결혼 전까지만 해도 열심히 공부했다. 나의 노력은 꿈이라는 풍선에 대고 힘껏 공기를 넣는 입김이었다. 노력을 하면 할수록 꿈은 점점 부풀었다. 공부하면서 고생도 많이 했지만 나의 꿈이 있었기에 고생을 고생으로 여기지 않을 수가 있었다.

'공부를 맘껏 하고, 그것을 하나님께 영광 돌리는 데 쓰자.'

나는 그렇게 결심하고 또 결심하며 노력했고, 그 꿈이 이어지리라 생각했다. 경제적인 형편이 넉넉하기를 바랐던 건 아니다. 오랜 시간 동안 고생하면서 공부했던 것처럼 어떤 상황에서도 공부를 할 수 있을 것이라 믿었다. 그런데 도저히 이해할 수 없는 상황이 되었다.

"하나님, 저의 이런 맘을 아시고 적극적으로 도와주시리라 믿고 기대했어요. 그런데 상황이 왜 이런 거죠? 분명히 모든 것을 하나님께 드리고 하나님의 영광만을 위해 나아가겠다고 결심했는데도 왜 공부할 기회를 허락하지 않으세요? 다른 좋은 조건들도 다 포기하고 결혼해서 개척교회에서 힘들게 사역하는데, 왜 제 공부를 도와주지 않으세요?"

그 순간, 나는 하나님을 이해할 수 없었다. 학창시절 이모저모로 하나님께서 도우심으로 공부할 수 있었던 나였기에 더욱 그랬다. 내가 꿈을 지키기 위해 교회 사역이나 살림을 등한시 하려고 했던 것도 아니었다. 꿈을 향한 공부를 하되, 교회 일과 가정 일에도 최선을 다할 자신이 있었고 또 실제로 열심히 했다. 그런데 왜 길이 열리지 않는 것일까? 왜 하나님은 길을 열어주지 않으시고, 자꾸 접으라는 마음만 주시는 걸까? 나는 하나님의 뜻을 알려고 함과 동시에 하나님의 뜻을 모른 체하고 내 맘대로 하고 싶어서 안달했다.

나는 점점 우울해 졌다. 여전히 경제적인 문제 때문에 레슨을 쉴 수 없었고, 공부를 계속 이어갈 상황은 마련되지 않았다. 거기에 임신까지 했으니 더욱 어쩔 수 없겠다는 생각이 들었다. 내 마음은 점점 더 동굴 속으로 들어갔다. 내가 그토록 사랑하던 음악을 접어야 한다는 생각에 내 자신이 처량하기 그지 없었다. 학교에서 좀 더 전문적으로 공부를 하고 싶은 마음을 뒤로 하고 고작 돈 몇 푼 때문에 레슨 하러 뛰어다니는 내가 한심해 보였다. 똑같은 음악은 음악이지만, 생활비를 벌기 위해 음악을 사용하고 있는 내가 초라했다.

아무리 고생을 해도 꿈을 안고 고생을 할 때는 그것이 다 아무렇지도 않았다. 며칠을 굶어서 배가 고파도, 금방이라도 쓰러질 것처럼 고단해도 괴롭지 않았다. 꿈을 떠올리면 모든 것이 다 해결되었다. 꿈을 꾸고 그 꿈을 이뤄가는 과정이라는 사실만으로도 행복했고, 금세 다시 일어날 수 있었다.

그런데 꿈을 접어야 하는 상황에서는 똑같은 고생이라도 견뎌내기 어려웠다. 고생을 하면 그것은 고통일 뿐이었다.

꿈을 위한 레슨이 생활비를 위한 레슨으로 전락하는 순간, 나는 아무것도 아닌 사람이 되어가고 있었다. 이제 부푼 꿈이 있었던 마음의 자리에 어두운 동굴이 자리 잡고 있었다. 내 자아는 점점 그 동굴 속으로 들어갔다.

그 동굴 안에는 기쁨이 없었다. 감사도 없었다. 전에는 가정에서 넘쳤던 기쁨이 교회 사역으로 연결되곤 했다. 그런데 가정부터 교회까지 아무리 찾아봐도 기쁨이 없었다.

'아, 정말 내 자신이 실망스러워요. 어린 시절, 핍박 속에서도 교회 다니며 열심히 봉사했었는데……. 처녀 때 홀로 뛰어 다니며 시간을 쪼개 열심히 봉사하던 시절이 있었는데……. 하나님, 제가 왜 이렇게 되었을까요?'

하나님께 이런 고백을 드리기도 했다.

마음과 몸이 무너져 갔다. 뱃속에 있는 아기가 걱정이 되기도 했지만, 무너져가는 마음과 몸을 내 의지대로 추스를 기운이 없었다. 하나님이 경제적인 어려움에 꿈까지 빼앗아 가는 것 같아 원망스럽기까지 했다. 감사와 기쁨이 넘치던 내 입에서 불평과 원망이 터져 나오기 시작했다.

"하나님, 저한테 왜 이러세요? 정말 너무하시잖아요. 저는 정말 열심히 주님의 일을 했어요. 그런데 왜 상은 안 주시고 벌만 주시나요?"

지금 생각해 보면, 하나님이 얼마나 당황하셨을까……. 낯이 뜨거워진다. 하지만 그 시절에는 하나님을 원망하며 기쁨과 감사를, 나중에는 기도하는 모습까지 잃게 되었다.

예전에는 내 힘으로 안 되는 일에 부딪히면 무조건 하나님을 의지하고 매달리는 것이 생활화되었는데, 그 상황에서는 하나님을 붙들 힘조차 잃고 말았다.

한 번은 예배조차 드리기 싫은 마음이 들었다. 마침 그날이 수요일이라 수요예배를 드리러 가야 하는데 예배를 참석하지 않았다. 내 상황을 이해하고 위로했던 남편도 그날은 화를 냈다.

"당신이 힘든 건 알아요. 하지만 사모가 예배를 아무 이유 없이 빠지는 건 안 돼요. 정말 오늘은 화가 났어요."

나는 아무 말도 할 수 없었다. 변명할 힘도 없을 만큼 지쳐 있었고, 내가 왜 이러는지 내 자신도 명확한 이유를 알지 못했다. 그저 나는 더욱더 동굴 깊숙한 곳으로 들어갈 뿐이었다.

심지어 나의 생각은 '이혼에 대한 고민'으로 이어졌다. 그 시절은 누가 이혼을 했다고 하면 그것만으로도 지탄을 받는 분위기였다. 그런데 이혼을 생각하게 된 것이다. 그냥 그 상황에서 벗어나고 싶었던 마음이 그런 엄청난 생각으로 이어졌던 것이다. '이혼을 하면 꿈을 다시 찾을 수 있지 않을까?' 하고 막연히 생각했던 것 같다. 그런 내가 한심하기도 했다. 가족들의 극심한 반대를 무릅쓰고 결혼해놓고, 이렇게 쉽게 이혼을 생각하다니……. 정말 잘 사는 모습을 보여주고 싶었는데 오히려 반대가 되었으니 어이가 없었다.

'내가 이혼했다고 하면 가족들이 어떤 반응을 보일까?'

이런 상상을 했다. 가족들이 어이없는 표정을 짓고, 반대를 했을 때 말을 듣지 않았다고 혼을 낼 것이다. 이혼 자체만으로도 질타를 받을 게 뻔하다. 하지만 나의 상상은 끝도 없었다. 어느새 이혼을 하고 어떻게 살 것이며, 꿈을 다시 찾을 방법은 무엇인지 고민하고 있었다. 그런데, 그렇게 내 생각이 동굴의 가장 깊숙한 곳에 가서 안착하고 있을 때, 뱃속의 아기를 느꼈다.

아기가 움직였다.

"엄마, 나예요." 하며 배를 간지럼 태우는 것처럼 움직였다.

그 순간 나는 순식간에 동굴에서 튕겨 나왔다.

'내가 그동안 무슨 생각을 한 거지?'

나는 이상한 나라에서 빠져나온 엘리스처럼 어리둥절했다. 주위를 둘러보았다. 나만 이상한 나라를 다녀왔을 뿐 모든 것이 그대로였다. 나는 레슨을 하고 있었고, 사모의 역할을 감당하고 있었다. 공부를 잠시 접어야 할 뿐, 다른 것은 아무것도 바뀌지 않았다. 내가 무슨 생각을 했던 거지? 나는 의자에 앉아서 한참을 멍하니 있었다.

'내 뱃속에 여호와 하나님의 기업이 있다. 나는 이 기업을 책임져야 한다. 나도, 이 아이도 하나님의 자녀잖아.'

나는 배를 쓰다듬으며 생각했다. 아기는 나의 생각을 눈치 챈 것처럼 태동을 했고, 정신이 번쩍 들었다.

"하나님, 죄송해요. 제가 하나님의 은혜를 잊고 살았네요. 용서해주세요."

나는 눈물로 회개했다.

이상한 나라에서 빠져나온 나는 다시 예배를 드리고, 레슨을 하고, 살림을 했다. 내 꿈은 잠시 접었지만, 건강한 아기를 낳아 하나님의 뜻 안에서 잘 양육하겠다는 새로운 꿈만 생각하기로 했다.

"하나님, 감사하게 생각할게요. 제 꿈도 나중에 꼭 기회를 주세요."

나는 다시 내 마음이 동굴 속으로 들어갈까봐, 내가 다시 이상한 나라를 헤맬까봐 두려워 긴장하며 고백했다. 하나님은 그런 나를 용서해 주시고 품어 주셨다.

어찌 내게 이런 일이…

나는 다시 정신을 차리고 예배와 기도로 무장하기 시작했다. 하지만 고된 생활은 여전했다. 마음이 움직였을 뿐 환경의 변화는 아무 것도 없었다.

배가 뭉칠 때마다 배를 문지르며 말했다.

"아가야, 힘들지? 조금만 참아."

그러던 어느 날이었다.

피아노학원에서 레슨을 하고 있었다. 그런데 갑자기 진통이 찾아왔다. 만삭의 몸이었지만, 출산을 하기에는 이른 시점이었다. 갑자기 무엇인가 배를 찌르는 고통이 느껴져 배를 움켜 쥐었다. 조금 있으면 괜찮아질 거라고 생각하고, 배를 쓰다듬으며 심호흡을 했다. 그런데 좀처럼 통증이 멎지 않았다.

"연습하고 있어. 선생님, 병원 좀 다녀올게."

레슨을 받고 있던 아이에게 말하고, 나는 곧바로 점퍼를 걸치고 학원을 나왔다.

"아가야, 괜찮은 거지?"

나는 혹시나 뱃속 아기에게 이상이 있을까봐 불안했다. 배를 쓰다듬으며 계속 아기에게 말을 걸었다. 병원으로 향하는 발걸음이 떨렸고, 설마 무슨 일은 없을 거라고 생각하며 병원 문을 열었다. 안내데스크에 내 상황을 말하니, 간호사는 바로 나를 데리고 담당 의사에게 갔다. 진찰을 하는 의사의 표정이 점점 심각해졌다.

"이미 자궁 문이 열렸어요. 바로 입원하셔야 합니다."

"제가 지금 입원할 상황이 아닌데요."

"안 됩니다. 길을 가다가 아기가 나올 수도 있어요."

그렇게 불행은 예고 없이 찾아왔다. 나는 여느 산모처럼 출산 예정일 즈음에 진통이 올 거라 생각했다. 진통 간격이 좁아지면 병원에 와서 아기를 낳을 줄 알았다. 내가 조산을 하거나, 건강한 아이를 낳지 못할 거란 생각은 해보지 않았다. 자연분만이 여의치 않을 때 제왕절개를 할 수 있다는 것은 알았지만, 그 외의 상식은 전혀 없었다. 더군다나 이렇게 일찍 자궁 문이 열리다니……. 믿을 수 없었다. 나는 의사의 지시대로 바로 입원을 했다.

나는 진통을 하면서 기도했다.

'하나님, 아이는 건강하게 태어나게 해주세요. 건강한 아이가 태어날 거라 믿습니다.'

오직 나의 걱정은 '아이의 건강'이었다. 출산의 고통은 정말 참기 힘든 극도의 아픔이었지만, 아기만 건강하면 얼마든지 견딜 수 있다고 생각했다.

얼마 동안 진통을 겪었을까?

정신이 혼미해지고 온 몸에 힘이 빠질 즈음 아기의 울음소리가 들렸다.

"하나님, 감사합니다. 정말 감사합니다."

나는 기쁨의 눈물을 흘리며 감사의 고백을 드렸다.

잠시 후 이상한 기운이 느껴지기 전까지는 그랬다.

이상했다. 의료진들이 분주히 움직이기 시작했다. 그리고 아기의 얼굴을 볼 수 없었다. 보통 출산을 하면 엄마에게 아기를 보여주지 않던가? 드라마나 영화에서도 보았고, 동네 이웃 주민이나 교회 어른들에게 들은 적이 있다. 출산을 하면 기본 처치를 한 다음에는 엄마에게 얼굴을 보여 준다고……. 그런데 달랐다.

나에게는 아기를 보여주지 않았다. 의사와 간호사들이 내 주변을 맴돌고 있었지만, 나에게 아기를 안겨주는 간호사나 의사는 없었다. 그래도 별 문제는 아닐 거라 생각했다. '아무 일도 없을 거야.'란 말을 수십 번 되뇌었을 때 의사가 내 옆으로 다가와 조심스럽게 입을 열었다.

"아이의 호흡이 덜 생성되어 위급한 상황입니다."

의사는 어두운 얼굴로 말했고, 의사의 말을 들은 나와 남편의 얼굴 또한 어두워 졌다.

그리고 잠시 후, 의사의 입에서는 더욱 어두운 이야기가 흘러나왔다.

"아이가 생명을 잃을 수도 있습니다. 산다고 해도 시력을 잃거나 정상이 아닌 아이로 자라날 수 있습니다."

나는 앞이 캄캄해 졌다. 의사가 도무지 무슨 말을 하는지 몰랐다. 내가 정말 아기를 낳은 건지, 꿈은 아니었는지, 의사가 산모를 잘못 찾아온 건 아닌지, 정말 우리 아기의 이야기를 하는 게 맞는지 혼란스러웠다.

'우리 아이가, 하나님이 주신 우리의 첫 아이가 제대로 살아보지도 못하고 죽을 수도 있다니……'

나는 도무지 받아들일 수 없는 그 이야기를 곱씹었다. 아무리 곱씹어 생각하면 생각할수록 받아들이기는 힘들었다. 아기를 한 번만 안아보면 조금 마음을 추스를 수 있을 것 같았는데, 아기는 내 품에 안겨 보지도 못하고 곧바로 인큐베이터로 들어갔다.

나는 산모의 몸으로 전도사 사모로 교회 일, 살림에 레슨까지 하며 뛰어 다녔다. 더군다나 대학원을 마치지 않은 상태여서 학업까지 병행해야 했다. 그 힘든 생활 중에 뱃속에 찾아온 아기는 나의 기쁨이 되었다. 내가 아기를 품고 있다는 사실이, 곧 태어날 아기가 내 품에 있다는 것이 나에겐 큰 기쁨이고 삶의 이유였다. 그런데 그 기쁨을 내가 망친 것일까? 아기가 나 때문에 힘이 들어서 저렇게 약하게 나온 것일까? 죄책감과 후회가 밀려 들었다. 그리고 나의 상황도 원망스러웠다.

나라고 그렇게 혹독하게 살고 싶었겠는가? 어쩔 수 없이 생활고로 인해 레슨까지 하면서 지내야 했던 현실이 서러웠다. 내 잘못이라고 생각하면서도 이런 잘못을 가져오게 한 환경이 나를 더욱 고통 속으로 몰아 넣었다.

사람들은 조산을 하면 아기의 몸 뿐만 아니라 산모의 몸도 잘 추스려야 한다고 했다. 하지만 나는 내 몸을 돌볼 여유가 없었다. 밥을 목구멍으로 넘기는 것도 아기에게 미안했다. 인큐베이터 안에서 호스를 꽂고 간신히 숨만 쉬고 있는 우리 아기를 생각하면 가슴이 아파 아무것도 할 수 없었다. 그렇게 며칠이 지나고 의사로부터 상상할 수도 없는 말을 들었다.

"조산 때문에 아이의 호흡이 덜 생성되어 생명에 지장이 있을 수도 있습니다. 산다고 해도 장애를 안고 살아야 할 것입니다."

나와 남편은 도저히 이 말을 믿을 수가 없었다. 아닐 거라고 수도 없이 마음 속으로 되뇌고 되뇌었다. 아무 생각도 나지 않았다. 당연히 아무것도 할 수 없었다. 어떻게 나에게 이런 일이 생긴단 말인가? 나는 그 감당하기 어려운 말을 그대로 떠안고 버둥거려야 했다.

아기가 죽어가요!

아기 면회시간이 되기 전에 손을 씻고 머리를 정갈하게 빗었다. 혹시 아기에게 균이라도 옮길까 봐 단단히 준비를 했다. 면회시간이 되면 떨리는 마음을 진정할 수 없었다. 오늘은 울지 말아야지, 다짐하며 아기에게로 한 걸음 한 걸음 나아갔다.

"내 아기……."

유리관 속에 있는 아기를 보면 가슴이 미어진다. 모유를 가져다주고, 잠깐 안을 수 있는 것이 엄마로서 베풀 수 있는 유일한 사랑이다. 너무 작아서 품에 안는 것도 조심스러워 살을 부비거나 꼭 안아 볼 수 없다.

"우리 성찬이, 잘 있었어?"

나는 아기를 살포시 안고 말했다. 찬양을 이루라는 뜻을 지닌 '성찬(成讚)'은 남편이 지어준 이름이다.

접견시간이 끝나 아기를 다시 유리관에 두고 발길을 돌리는 일은 너무 힘이 들었다. 내가 아무것도 할 수 없다는 사실이 내 마음을 짓눌렀다.

내가 살아온 인생의 최대의 위기였다. '정말 내가 아무것도 할 수 없구나.'라는 사실을 매일 매 시간 깨달았다.

'하나님, 내가 할 수 있는 것이 아무것도 없습니다. 오직 하나님

이 하시옵소서.'

기도가 저절로, 발걸음을 옮길 때마다 흘러 나왔다. 나는 내가 할 수 없다는 것을 깨닫고 나서야 내가 할 수 있는 한 가지를 깨달았다.

그것은 '그 분을 향한 신뢰'였다.

어떤 것도 붙들 수 없다는 생각이 들자, 내가 붙들 수 있는 건 오직 하나님이라는 생각이 들었던 것이다. 그 누구도 믿기 싫고, 죄책감 가운데 원망만이 밀려오는 그 상황에서 누군가를 신뢰한다는 것은 분명한 역설이지만, 나에게는 그 역설이 유일하게 붙들 수 있는 희망이 되었다. 그 신뢰의 씨앗이 내 마음에 다시 싹트면서 절대절망의 고통 가운데 새로운 빛이 보이기 시작했다.

'주여, 나의 하나님, 내가 당신을 믿고 의지합니다. 당신이 그리 아니하실지라도 믿습니다.'

그렇게 주님을 신뢰하며 눈물로 고백했다.

나에게는 황무지였던 그 순간, 아무것도 보이지 않아서 할 수 있었던 그 고백은 하나님을 향한 신뢰를 싹 틔울 수 있게 했다. 그리고 그 싹은 나도 모르는 사이에 내 안에서 조금씩 자라났다. 하나님은 내가 신뢰의 싹을 붙들고 나아갈 수 있도록 새로운 힘을 주셨다. 나를 끊임없이 만져 주셨다.

나는 일단 믿기로 했다. 내 아이가 죽을지도 모르지만 믿었다. 정상이 아닌 아이로 자라날 수도 있지만 그래도 하나님을 믿었다.

결과가 어떠하든 하나님은 하나님이시니 믿어야만 했다. 그것 외에 내가 할 수 있는 것은 없었다.

절망의 끝에서 가까스로 만난 신뢰는 나를 붙잡아 주었고, 하나님의 방법을 구하라는 마음을 주었다. 나는 그 마음 그대로 실행하기로 결심했다. 달리 방법이 없었고, 그 방법이 최상의 방법이리라 믿었다.
"하나님, 사람의 방법을 배제하고, 하나님의 방법만을 구하겠습니다. 하나님의 방법은 제가 벼랑 끝에서 잡은 튼튼한 거목입니다. 지푸라기가 아니라고 믿습니다. 제가 꼭 붙잡을 테니 굳건히 그 자리에서 저와 성찬이를 지켜 주세요."
나는 하염없이 흐르는 눈물을 닦으며, 하나님의 발목을 잡고 매달렸다. 하나님이 내 기도를 들어줄 수밖에 없기를 바라면서 간절히 바라고 구했다.

하나님의 방법을 구하는 것은 그냥 믿는 것이라고 생각했다. 특별한 방법을 알지 못했기에 그냥 믿고 기도했다. 하나님이 어떻게 인도하시든, 어떤 상황으로 이끄시든 나는 알 수 없었다. 그저 믿을 수밖에 없었다. 그렇게 눈물로 기도할 수밖에 없었다.
절망의 상황 가운데 하나님의 놀라운 은혜가 임하기 시작했다. 나도 모르는 사이에 기적은 이미 시작되고 있었다.
놀랍게도 아이의 위태롭던 생명의 불꽃은 꺼지지 않고 계속 타올랐다. 위험한 고비의 순간들이 지나가고, 이제는 충분히 살 수 있는 상황을 맞이하게 되었다. 죽을 뻔한 우리의 아이가 살게 되었다는 것은 죽은 아이가 다시 살아난 것과도 같은 심정이었다. 아니 그것보다 더 기뻤다. 도저히 믿기지 않을 만큼 기뻤다. 이것은 하나님이 베푸신 은혜임이 분명했다.

고통의 터널을 무사히 통과하고, 아기를 품에 꼭 안을 수 있는 날이 다가왔다. 유리관 속에서 나온 아기를 안고, 그 따뜻한 호흡을 느꼈다. 꼼지락거리는 손을 만지며 가슴이 울컥했다. 내 아기를 내 손으로 안을 수 있다는 사실이 나에게는 기적처럼 다가왔다. 남편과 나는 아기를 안고 병원을 나왔다. 집으로 가는 길에 나는 마음 속으로 다짐했다.

'이건 정말 내 힘으로 된 일이 아니다. 오직 하나님께 의지해서 아기를 키워야 한다. 사람의 힘으로는 아무것도 할 수 없다.'

나는 그렇게 아기를 통해 다시 주님을 의지할 수 있었다. 아기의 이름처럼, 다시 찬양을 이룰 수 있었다.

이제는 하나님의 손에…

차 안에서 나는 아기에게 눈을 뗄 수가 없었다. 눈, 코, 입, 살결, 머리카락……. 찬찬히 살펴보면 볼수록 너무 예뻤다. 신생아 중환자실에서 잠깐 만날 때는 느낄 수 없었던 신비감이 내 몸을 에워쌌다.

"여보, 다 왔어요."

나는 남편의 말을 듣고 나서야 고개를 들었다.

"짐 먼저 내릴게요. 천천히 내려요."

"네."

남편이 먼저 내렸고, 나는 아기에게 말했다.

"우리 아가, 성찬아. 집에 다 왔네. 우리도 내리자."

나는 혹시 아기를 놓치지는 않을까, 어디 부딪히지는 않을까, 아주 조심하며 차에서 내렸다. 남편이 먼저 들어가 문을 열어 주었고, 나는 아기를 안고 뒤따라 들어갔다.

"여기 뉘여요."

남편은 이불을 깔며 말했다. 나는 이불 위에 아기를 내려놓았다. 그리고 허리를 펴며 방을 둘러 보았다. 저절로 한숨이 터져 나왔다.

"여보, 여기서 우리 성찬이, 괜찮을까요?"

"괜찮을 거야."

남편은 말 끝을 흐렸다. 남편도 그런 환경에서 아기를 키우는 것이 참 슬픈 모양이었다. 그 동안 아기를 걱정하느라고 상황을 생각할 겨를이 없었다. 아기만 퇴원하면 다 괜찮을 줄 알았다. 아기를 마음놓고 키울 수 있는 집이 없다는 것을 잊고 있었다.

우리에게는 방 한 칸 뿐이었다. 그래도 남편과 나는 견딜만 했다. 어른이고, 목회자와 사모이니 견뎌야 했다. 그러나 아기가 살기에는 적당하지 못한 방 한 칸 뿐이었다.

아기를 키우는 건 다른 문제였다. 아무것도 모르는 우리 아기가, 목회자의 자녀라는 이유로 고통을 겪는 것 같아 미안했다.

우리는 1987년 12월 20일에 개척을 해서 1997년 12월 20일, 10년 만에 예배당을 지을 때까지 열아홉 번 이사했다. 성도들이 모이고 교회 형편이 조금 나아지면 건물을 얻고, 건물을 얻으려면 사택 전세금을 보태야 했다. 사택을 스물다섯 번 옮겼다. 쉴 새 없이 이사를 다녀야 했다.

나는 외줄을 타는 심정으로 아기를 보살폈다. 쥐가 한 마리라도 보이면 아기를 얼른 안았다. 혹시 아기에게 해가 될까 두려웠다. 그 방도 감사하며 견딜 수 있다고 말하던 나는 온데간데 없고, 좋지 않은 환경이 아기를 위협할까 봐 안절부절 못하는 엄마만 남아 있었다.

아기를 그 방에서 키우면, 무슨 일이 생길 것 같아 불안했다. 그리고 그런 나의 예감은 현실이 되어 버렸다.

아기가 갑자기 경기를 시작했다. 말이 경기이지, 숨이 끊어진 것이었다. 아기의 숨이 느껴지지 않았다. 나는 아기를 안고 병원으로 뛰어갔다. 무슨 정신으로 병원까지 갔는지 모르겠다.

"오, 주여……. 주여……."

나는 주님만 부르짖으며 달렸다. 너무 놀라 뒷말이 생각나지 않았다. 다행히 치료를 받고, 아기의 숨이 살아났다.

"오, 주님, 감사합니다! 감사합니다!"

이미 내 심장은 터져버린 것 같았고, 아기의 숨을 느끼며 바랐다.

제발 다시는 이런 일이 없기를……. 그날 이후로, 아기가 숨만 잘 쉬고, 건강하기만 하면 더 바랄 것이 없었다. 하지만 시련은 그렇게 날 쉽게 놓아주지 않았다.

"여보! 성찬이가 숨을 또 안 쉬어요!"

심방을 가는 길이었다. 남편은 운전을 하고 있었고, 나는 뒷좌석에 아기를 안고 앉아 있었다. 아기가 지난번처럼 경기를 하고 숨을 쉬지 않았다. 남편은 차를 멈추고 뒷좌석으로 와서 인공호흡을 시도했다.

"다시 숨 쉬는 거 같아요."

남편은 내 말을 듣고 아기의 가슴에 볼을 대보더니 "숨을 쉬네. 병원에 가자."고 했다. 우리는 병원으로 갔고, 담당의사는 이상이 없다고 했다.

나는 두 번 그런 일을 겪고 난 후로 살얼음을 걷는 것 같았다. 또 경기를 할까, 또 숨이 멎을까 노심초사했다. 하나님께 다 맡겼다고 생각했는데 그런 불안까지 내려놓는 건 힘들었다. 내 아기를 잃을 수 없었고, 아기를 잃는다면 나도 못 살 것 같았다.

그렇게 3년이 흘렀다.

성찬이를 데리고 놀이터에 갔는데, 잘 놀던 성찬이가 갑자기 경기를 일으켰다. 숨을 쉬지 않아 성찬이를 안고 병원으로 뛰었다. 또 기적처럼 숨이 살아났다. 이렇게 세 번의 위기를 넘기고, 나는 남편에게 말했다.

"여보, 정말 우리가 할 수 없는 일이네요. 하나님께 온전히 맡겨요."

남편은 고개를 끄덕였다.

나는 이제 정말 온전히 맡길 수 있을 것 같았다. 그것은 자녀를 주님께 드리겠다는 결단이었다. 하나님께 내 아들의 모든 것을 맡기겠다는 결심이었다.

나는 그렇게 마음 먹으며 우리 엄마를 떠올렸다. 엄마는 자녀들을 위해 항상 기도하는 분이었다. 하지만 엄마의 기도는 단지 자녀가 성공하게 해달라는 기도가 아니었다. 하나님의 자녀로 성장하게 해달라며 하나님께 자녀를 맡기는 기도였다. 엄마의 믿음은 아무도 말릴 수 없었다.

엄마는 내가 신앙의 롤 모델이라고 말할 만큼 최고의 신앙인이었다. 나는 나도 모르게 어머니의 그 모습들을 내 안에 간직하게 되었는데, 이제 내가 실천할 때가 된 것이다. 엄마처럼 나도 자녀에게 줄 수 있는 최고의 선물이 신앙이라는 것을 기억하면서 말이다.

나는 그때까지도 어쩌면 내가 어떻게 해서든 잘 키워 보겠다는 생각이 있었다. 하지만 하나님은 모든 것을 다 내려놓게 하셨다. 아기가 세 번의 경기를 했을 때, 나는 하나님께 무릎을 꿇었다.

"하나님이 하세요. 제가 할 수 있는 일이 아니란 걸 알았어요. 하나님의 방법을 따르겠습니다."

나는 그렇게 하나님 앞에 나아갔고 하나둘씩 내려놓기 시작했다. 처음부터 다 내려놓는 것은 어려웠다. 그런 나를 인정하고, 부족하나마 조금씩이라도 내려 놓고자 했다. 하나님을 위해 다 포기했다고는 했지만 여전히 내 안에 잠재되어 있던 갖가지 욕망들과 계획이 정말 보잘것 없는 것임을 인정하고자 했다. 그것이 처음부터 쉽지는 않았다. 계속해서 되뇌고 되뇌며 하나씩 내려 놓으려고 노력했다. 예수 그리스도 외에는 다 배설물로밖에 여기지 않는다고 했던 사도 바울의 고백이 나의 고백이 되기를 바라면서…….

그런 과정에서 내 안에 버려야 할 것들을 하나씩 더 알아갈 수 있었다. 그것이 하나님 앞에서는 쓰레기와도 같은 것임을 믿고 제거했다. 자꾸만 나의 꿈을 가장한 욕심이 찾아오기도 했지만 그래도 밀쳐냈다. 그리고 이전까지 쓰레기와도 같은, 아니 쓰레기보다 못한 오물들을 내 안에 더 채우려고만 했던 내 자신을 계속 돌아보았다. 입으로 고백하고, 마음으로 회개했다.

내려놓음의 과정에서 깨닫게 된 것이 한 가지 있었다. 정말로 온전히 무릎을 꿇으려면 내 자아가 죽어야 가능하다는 것이다. 아무리 몸부림쳐도 또다시 유혹이 찾아온다. 사탄이 "당신 뜻대로 하는 것이 하나님의 영광을 위한 것이야."라고 속삭인다. 그 속삭임을 듣다가 나도 모르게 자꾸만 미련이 남아 롯의 아내처럼 뒤돌아보게 된다. 내 자아가 죽어야 한다. 죽은 사람은 자신의 무엇인가를 주장할 수가 없다. 내 모든 소유와 욕심은 십자가에 못 박고 오직 내 안에 예수 그리스도가 사실 수 있도록 하는 것이 우선이다. 이것이 없으면 사역도 하나님을 향한 사역이 아닌 내 사역이 될 수 있다. 신앙에 대한 열정도 하나님을 향한 순수한 열정이 아닌 나를 만족시키는 열정이 될 수 있다.

나는 먼저 말씀을 붙들었다. 내려 놓으면서 흔들리는 마음을 말씀이 붙잡아 주었다. 그 가운데서 하나님이 역사하셨고 마음을 움직여 주었다. 나도 모르는 사이에 기적이 펼쳐지고 있었다. 내려 놓으면 내려 놓을수록 평안이 임했다. 성령께서 내 마음을 온전히 주관하시는 것 같았다. 어떻게 마음이 이토록 평안할 수 있을까? 내가 생각하기에도 기적이었고, 참 신기한 일이었다. 상황이 달라진 것은 전혀 없었다. 여전히 경제적인 어려움은 계속되었고, 꿈을 포기한 것도 그대로였다. 아이는 살아났지만 완전히 건강을 회복한 것은 아니었다. 그런데 나는 신기할 만큼 평안했다. 나는 비로소 하나님의 뜻을 깨달았다.

"하나님, 평안을 주시는 분은 하나님이시군요. 하나님 안에서 모든 것을 내려 놓을 때 얻을 수 있는 것이 평안이군요. 하나님은 그 놀라운 선물인 평안을 주시기 위해 나에게 그토록 고된 시간들을 보내게 하신 거군요."

나는 기쁨으로 고백했다. 세상이 달라 보였다. 가정도 달라 보였고, 교회도 달라 보였다. 무엇보다 내 자신이 달라 보였다. 얼마 전까지만 해도 꿈을 잃은 초라한 사람이었던 내가 아니었다. 나는 하나님의 품 안에서 행복한 나날을 보내며 하나님의 사랑을 독차지하는 사람이었다.

그렇게 나는 온전히 무릎을 꿇고, 내려놓음의 역사를 경험했다. 이전에는 맛보지 못한 평안을 경험하고 그 안에서 뛰어 놀았다. 이는 오직 하나님의 은혜였다. 그저 감사 외에는 표현할 길이 없는 그런 은혜였다. 나는 그 은혜를 붙들고 붙들어 절대 놓지 않으리라고 다짐했다.

제3장

한나가 사무엘을 드리듯!

100퍼센트 신뢰했다

나는 손에 쥔 모든 것을 내려놓고 주님을 바라보았다.

한나가 사무엘을 드리는 마음으로 아이의 모든 것을 주님께 맡기고자 했다. 그러기 위해 먼저 주님을 100퍼센트 신뢰해야 했다. 100퍼센트 신뢰한다는 것은 즉, 내 삶 전체가 신뢰의 삶이 되는 것이다. 나는 우선 하나님께 지혜를 구했다.

"하나님, 전적으로 주를 신뢰하려면 어떻게 해야 할까요?"

묻고 또 물어서, 하나님이 지혜를 주시는 대로 행했다.

우선, '혹시, 설마, 만약에' 란 말을 하지 않았다.

하나님을 믿는다고는 하지만 매 순간 하나님을 믿는다고 말할 수 있는가? 나는 자신 있게 대답할 수가 없었다. 믿고 싶을 때만 믿는 것이 내 모습이었다. 위기에 닥칠 때 나의 얕은 믿음이 드러났다.

'혹시 하나님이 해결해 주실까?',

'설마 하나님이 잘되게 해주실까?',

'만약에 하나님이 이 문제를 해결해 주시지 못하면 어쩌지?'

이 세 가지 질문이 내 머릿속을 떠다녔다. 나는 우선 그 물음들부터 제거했다.

'혹시, 설마, 만약에' 란 말을 마음에서 차단시키려고 삼가려고 노력했다.

두 번째, 불안과 염려는 하나님을 온전히 믿는 사람에게는 없어야 하는 감정이다.

자녀문제에 있어서 염려하고 걱정할 것은 너무나 많다. 그러나 염려가 상황을 바꾸지는 못한다. 차라리 그 염려에 투자할 에너지를 하나님을 의지하는 데에 쓰는 것이 훨씬 더 지혜로운 것임을 깨닫게 되었다. 이때 주의해야 할 것은 일말의 염려를 마음에 남겨놓고, 나머지를 하나님께 맡기면 안 된다는 것이다. 이것은 마치 두 여자 사이에서 오락가락하는 남자와 같다. 신뢰란 것은 의심 없이 100퍼센트 믿을 때에야 온전해진다.

나는 이 두 가지 방법을 통해 100퍼센트 신뢰로 나아갔다. 물론 이후에도 평탄대로였던 것은 아니다. 성찬이가 계속 건강을 지킬 수 있을지도 걱정이었고, 다른 아이들처럼 밝게 살아갈 수 있을지도 걱정이었다. 상황이 완전히 회복된 것은 아니지만 나는 그 이후로도 아이가 생사의 기로에 놓였을 때 경험했던 그 신뢰에 대한 깨달음을 계속해서 복습하고 또 복습했다. 염려가 될 때는 하나님께 드려 버렸다. 그냥 과감히 던져 버렸다.

나는 다 내려놓고, 주님을 100퍼센트 신뢰하기로 했다.
그런데 신기하게도 내 삶 전반에 큰 변화가 찾아왔다.

우선 성찬이의 경기가 멈췄다. 내가 하나님께 맡기겠다고 고백하고 난 후부터 어린 시절 내내 경기를 한 번도 하지 않았다. 성찬이는 여느 아이처럼 건강하게 자라났다. 성찬이가 성장하는 자체가 나에겐 기도 응답이었고 기적이었다. 성찬이는 노래를 계명으로 따라 부를만큼 절대음감이 탁월했다. 그것은 뱃속의 아기를 위해 피아노를 치고 늘 찬양 속에 살았던 태교의 영향도 있었으리라고 생각됐다.

내 힘으로 자녀를 내가 어떻게 잘 키워보겠다는 생각을 버리자, 나에게는 다른 시야가 열렸다. 길 잃은 영혼들이 눈에 들어왔다. 영혼을 품는 마음이 주어졌다.

나는 그 마음으로 가출 청소년들에게 피아노를 가르치기 시작했다. 아이들 중에 가출을 한 아이들을 찾아 다녔고, 신기하게도 꼭 찾아냈다.

"가자. 사모님이랑 피아노 치자."

나는 아이들의 손을 잡고 이야기했다. 부모에게 반항하고 집을 나간 아이들은 신기하게도 그 한 마디에 따라왔다.

나는 아이들에게 피아노를 가르치기 시작했다. 그 아이들을 위해 기도했고, 반주라는 기술보다는 성품이라는 기본을 가르치려고 노력했다.

"많이 힘들었지? 이제 괜찮아질 거야."

시간이 흐르자 아이들은 변하게 되었고 드디어는 하나님께 감사하다는 고백을 하며, 하나님께 쓰임받는 인생을 살고 싶다고 고백했다. 그 아이들은 최고의 반주자가 되었고 부모님의 기쁨이 되었다. 영혼을 향한 사랑은 반드시 열매가 있음을 깨달았다.

나는 그 아이들의 아픔을 어루만지고, 치유해 주고 싶었다. 진심으로 가슴 아팠고, 아이들과 한마음이 되는 것 같았다. 아이들도 그 마음을 눈치채고 잘 따라 주었다.

나는 내가 공부한 것을 통해서 크게 환원하리라 생각했었다. 내가 음악 공부를 하며 익혔던 기술들을 교회 안에서 잘 활용할 수 있을 거라 믿었다. 그러나 주님을 위해 환원하려는 생각은 허울 좋은 변명이었다. 그 생각 안에는 그 일들을 통해 내 만족을 누리려는 시커먼 속내가 숨겨져 있었다. 입으로는 하나님의 영광을 위한 것이라고 말했지만, 마음으로는 내 꿈을 이루는 것이 더 큰 실제적 목적으로 자리하고 있었다. 하나님은 그 엉큼한 생각을 아시고, 내 마음을 바로잡아 주셨다.

사모인 나에게 하나님이 요구하시는 것은 교회를 위해 더 공부하고 이를 기반으로 더 가르치라는 것이 아니었다. 오히려 교회를 영적으로 뒷받침해 줄 기도의 용사가 되기를 원하시며, 영혼을 사랑하는 마음이 있기를 원했다. 그리고 교회 안에 생명을 불어넣는 일을 하기를 원하셨다. 그렇게 나는 하나님의 마음을 알아가며 내려놓고 깎아지고 부서졌다.

신기한 일이 일어났다. 교회가 부흥하기 시작했다. 내가 여기서 말하는 부흥이란 양적 부흥만을 말하는 것이 아니다. 교회의 부흥은 단순히 성도 수의 증가만을 의미하지 않는다. 교회가 더욱더 영적으로 세워져야 부흥이라 말할 수 있는 것이 아닐까? 양적으로 성장하면서 질적으로도 성장해야 진정한 부흥이라고 할 수 있다. 감사하게도 하나님은 양적으로 교회가 커지는 것과 더불어 질적으로도, 즉 내적으로도 더욱 놀랍게 성장할 수 있도록 역사하셨다. 그때 남편은 기독교대한감리회에서 목사 안수를 받은 때였다.

내가 모든 것을 내려놓고, 하나님을 100퍼센트 신뢰하니 이런 일들이 생기는 것이었다. 하나님의 역사하심은 정말 신비했다. 인간적으로 더 붙들어야만 얻을 수 있는 것들을 다 내려놓는 순간 하나님이 채어주시고 그보다 더 넘치게 하시는 그 신비……. 나는 그 신비를 느끼며 하나님을 더 신뢰하고, 하나님의 마음을 더 느끼며 나아갈 수 있었다.

'하나님께 고액 과외비'를 드렸다

하나님께 드리는 과외비, 이 이름은 큰아이가 죽음의 사선을 넘을 때 하나님이 나에게 주신 감동으로 내가 지어낸 헌금 이름이다.

과외 열풍! 한 달에 수십에서 수백만 원을 학원에 내는 부모들이 넘칠 때 나는 하나님께 과외비를 드리기로 했다. 나는 헌금하는 것에 열정을 쏟는 사람이었다. 요즘은 유난히 '헌금'에 대해 말하는 것을 꺼리는 교회들이 있다. 목사들의 입장에서는 부담을 주는 것 같고, 성도들의 입장에서는 실제로 부담을 느낀다. 회계 관리가 투명하게 되지 않은 몇 교회들 때문에 좋지 않은 인식도 있다.

그러나 나는 특별히 강조하고 더 강조하고 싶은 것이 바로 이 부분이다.

물론 정말 하나님께 드리는 것이고, 정말 하나님을 위해 쓰인다는 전제가 있어야 한다. 그 전제 하에 헌금은 분명한 헌신이다. 이것은 내 삶에서 자연스럽게 우러나오는 고백이기도 하다.

하나님은 내가 결혼하기 전에도 헌금에 열정을 쏟도록 하였다. 앞서 말했듯이 반주자 사례비를 헌금한 것과 비록 대학생 신분이었지만 교회 부흥회 때 강사님들을 꼭 한 번 식사 대접한 것이 내 결혼의 계기가 되기도 했다. 그리고 하나님께 더 드리고 싶은 나의 마음은 결혼 후에도 지속되었다.

목회 사례비가 5만 원이었던 시절, 나는 몇 백만 원을 작정하고 싶은 생각이 들었다. 사실 그것은 내 귓가에 맴도는 의사의 말 때문이었을지도 몰랐다. 성찬이를 담당했던 의사는 성찬이가 정상적인 아이로 자라지 못할 수도 있다고 말했다.

"이 아이는 7살이 될 때까지는 실명의 위험이 언제나 있으며 뇌가 정상적으로 자라지 않을 수 있습니다."

나는 그 순간, 하나님께 모두 맡겨야 된다는 생각이 들었고, 동시에 온 마음과 정성을 드리고 싶었다. 그 마음으로 기도하던 중에 헌금을 작정하게 된 것이다.

나는 남편에게 그 사실을 알렸다.

"저, 헌금 5백만 원 작정했어요."

"사례비가 이렇게 적은데 괜찮겠어요?"

"하나님께 드리는 것은 시시하게 하고 싶지 않아요. 모든 것을 드리고 싶은 맘인걸요."

"알겠어요. 믿음대로 하세요."

남편은 나의 믿음을 존중해주었다. 사실 누가 봐도 말이 안 되는 작정일 수 있었다. 하지만 나는 기도하며 작정했고, 작정한 만큼 꼭 드릴 수 있게 되었다. 레슨도 열심히 뛰었고 빚을 지기도 했다. 옷을 사거나 화장품을 사는 일은 금했고, 라면으로 끼니를 때운 적도 많았다. 하지만 드릴 수 있다는 사실이 그저 행복했다.

어느 날, 한 집사님이 물었다.

"사모님, 헌신하시는 것도 좋지만 그래도 화장품은 사고 싶지 않으세요?"

"아니오. 신기하게도 그런 맘이 안 들어요."

나는 미소를 지으며 대답했다. 그때 내 모습은 동네에서 일반적으로 보는 꾸밈이 없는 촌스런 아줌마 같았을 것이다. 그래도 참 감사했다. 아무리 검소하게 살아가고 절약을 한다고 해도 여자로서 꾸미고 싶고, 예쁜 것을 보면 사고 싶은 마음이 들기 마련이다. 그런데 나는 정말 화장품이나 옷을 사고 싶은 마음이 전혀 들지 않았다. 누가 예쁜 옷을 입거나 좋은 화장품을 사도 부럽지 않았다. 지금 생각해보면, 하나님이 그런 것을 부러워하는 눈을 멀게 하시고, 사치하고 싶은 생각을 빼앗아가신 것 같다. 억지로 참으면서 힘들게 헌금하는 것이 아니라, 사치에 대한 미련 없이 헌금에만 전념할 수 있게 하셨다.

간혹 헌금을 돈이 있을 때 드리는 것으로 생각하는 분들이 있다. 하지만 헌금은 돈이 있다고 드리는 것이 아니다. 없어도 드릴 수 있는 것이 헌금이다. 사고 싶은 것이 생기면 카드로 미리 사고, 12개월 할부를 해서라도 산다. 그런데 왜 헌금은 미리 작정하고 드리지 못하는가? 나는 헌금을 드릴 때 간절함이 없다는 것이 참 안타깝다. 여기서 오해가 생기지 않았으면 좋겠다. 빚을 내서라도 헌금하라는 이야기가 아니다. 내가 비록 가진 것이 없어도 간절한 맘으로 하나님께 드리고자 한다면 하나님은 분명히 할 수 있게 하신다는 말이다. 그러므로 있는 것에서 드리려고 하는 것이 아니라, 만들어서라도 드리려고 하는 정신이 필요하다.

나의 헌금에 대한 열정은 자녀에 대한 사랑으로 이어졌다. 여느 엄마들이 다 그렇겠지만 나는 내 자녀를 싸구려로 키우고 싶지 않았다. 자녀를 위해 더 좋은 것을 먹이고 더 좋은 옷을 입히고 하는 것보다 자녀의 이름으로 헌금하는 것이 무엇보다 자녀를 위하는 일이라고 생각했다. 그래서 연초마다 나는 감당하기 힘들 정도로 하나님께 드렸다. 이를 위해서는 자녀에게 새 옷을 입히기 어려웠지만 그래도 하나님께 드리는 것이 더 기뻤다. 그리고 무엇보다 기쁘게 결단했던 일은 과외비를 드리는 것이었다.

어떤 엄마도 자녀를 싸구려 학원에 보내고 싶은 사람은 없다. 나도 만약에 자녀를 학원에 보낸다면 최고로 유명한 학원에 최고의 강사에게 보내고 싶었다. 하지만 나는 자녀를 학원에 보내는 대신 하나님께 유명한 학원, 최고의 강사에게 다니는 비용을 드리고, 기도로 맡겼다.

"하나님, 오늘 과외비 드립니다. 학원은 돈 받은 만큼 자녀를 가르쳐 주지만, 하나님은 그 이상으로 사랑해 주시리라 믿어요. 지식, 재능, 건강은 인간이 아무리 노력해도 안 되는 거잖아요. 오로지 하나님만이 하실 수 있는 것이라 생각해요. 우리 성찬이, 잘 부탁드려요."

그렇게 기도드리고 나면 마음이 참 편해졌다. 하나님이 양육을 책임져 주신다고 생각하니 두려울 것이 없었다.

나는 가끔 자녀가 옳은 길로 가지 못할까봐 두려워 하거나, 교육을 시키면서도 더 고급 교육을 시키고 싶어 안달하는 성도들에게 이야기를 해주었다. 헌금을 드리라고는 말할 수 없지만 하나님께 양육을 맡기라는 이야기는 할 수 있었다.

"집사님, 너무 고민하지 마시고, 하나님께 맡기세요. 하나님을 온전히 신뢰하시면 놀라운 일이 생겨요."

"그게 쉽지 않아요. 요즘 엄마들 얼마나 교육에 열성인데 저만 손을 놓고 있을 수가 없잖아요."

"하나님이 손써주신다니까요."

"저는 사모님처럼 많은 돈을 드릴 수도 없는걸요."

"집사님, 돈의 문제가 아니에요. 그건 마음의 문제이지요. 그리고 마음의 중심을 드리시면 하나님이 어떤 물질보다 기쁘게 받으실 거예요."

"그래도 돈을 많이 드리면 좀 다르지 않을까요?"

이렇게 이야기가 흘러갈 때면 참 답답하고 안타깝다. 헌금은 겉으로 보기에는 물질, 곧 돈을 드리는 것으로 보인다. 하지만 마음이 없이 물질만 드리는 경우는 드물다.

유명한 과외교사에게 거액의 과외비를 주는 것은 그만큼 아이를 잘 가르쳐 줄 거라는 신뢰가 있는 것이고, 그 어떤 것보다 우선순위를 둔다는 것이다. 어떻게 마음이 없이 물질을 쓸 수 있겠는가?

헌금도 마찬가지다. 물질보다 마음이 더 중요하다는 것은, 마음이 가지 않고 물질을 드리기는 어렵다는 뜻이다. 마음이 가면 물질도 자연히 드리게 되는 거다.

물론 하나님께 드리려고 할 때 갈등이 될 수는 있다. 나도 그런 적은 많이 있다. 지금 써야 할 것이 분명히 있거나, 생활비가 턱없이 부족한데 헌금을 하는 건 힘이 들 때가 있다. 하지만 물질을 주관하는 것은 하나님이시다. 곧 하나님이 물질의 주인이시다. 이것을 인정한다면 드릴 것을 망설일 필요가 없다. 드리고 모자라면 하나님이 채워 주신다. 그리고 무엇보다 돈이 나가야 할 상황에서 안 나가도록 막아 주신다. 나는 그것을 직접 체험했고, 지금도 느끼며 살고 있다. 자녀들이 성장하면서 지금에 이르기까지 드리고 드릴수록 하나님은 돈이 다른 곳에 쓰이지 않도록 이끌어 주셨다.

"만군의 여호와가 이르노라 내가 너희를 위하여 메뚜기를 금하여 너희 토지 소산을 먹어 없애지 못하게 하며 너희 밭의 포도나무 열매가 기한 전에 떨어지지 않게 하리니."(말라기 3:11)

나는 두 아이의 과외비를 하나님께 드리기 시작했다.
공격적인 드림을 시작했다.
그런데 무엇보다 놀라운 것은 감당하기 버거울 만큼 드리면 감당하기 버거울 만큼의 축복을 주신다는 사실이다. 나는 이미 받은 은혜가 너무 크기에 더 바랄 것도 없었다. 그런데 하나님은 넘치도록 채워 주시고, 쓸데없는 지출을 막아주셨다.

하나님은 온전히 신뢰하는 우리에게 더 풍성하게 채워 주셨다.

나는 하나님께 과외비를 드릴 때마다 고백했다.

"하나님, 당신은 최고의 과외 선생님이십니다."

어느 날부터인가 나는 자녀들 이름으로 공격적인 드림의 삶을 살고 있었다.

"공격적인 드림은 하나님의 공격적인 응답을 만들게 합니다. 자녀 이름으로 과외비를 하나님께 공격적으로 드리십시오."

나는 지금도 누구를 만나든 자녀 때문에 상담하는 모든 분들께 당당히 말한다.

말씀의 신동이 되게 했다

나는 가끔 하나님께서 먼저 무엇을 이루어 주면 좋겠냐고 물으시는 상상을 했다. 그 상상 속에서 나는 1초의 지체도 없이 대답했다.

"성찬이가 계속 건강하게 해주세요."

하나님께 과외비를 드린 것은 지식 때문만이 아니었다. 하나님은 건강까지 주관하시는 분이라는 확신이 있기 때문이었다. 성찬이만 계속 건강하게 자란다면 더 바랄 것이 없었다. 나는 기도하려고 눈을 감으면 가장 먼저 '성찬이의 건강'에 대해 이야기했다.

자녀를 낳자마자 유리관에 넣은 엄마라서 건강만큼 중요한 것은 없다는 것을 너무 뼈저리게 느끼고 있었다.

그러던 어느 날, 뱃속에 둘째가 자리 잡았다는 사실을 알았다. 연년생…….

"여보, 나 임신이래요."

"와, 정말 축하해요."

남편은 환한 얼굴로 축하해줬고, 나도 따라서 환해졌다. 남편은 계속 웃으며 들떠 있었다. 하지만 내 얼굴에서는 금세 웃음이 그쳤다. 지금 형편에서는 키우기 힘들다는 생각이 들었다. 또 성찬이처럼 아플지도 모른다는 불안도 끼어 들었다. 그리고 그 생각들은 '지우는 게 낫지 않을까?'라는 생각에 이르렀다. 분명 하나님이 기뻐하시지 않으시는 생각인 줄 알면서도 나도 모르게 그런 생각을 했다.

그러나 하나님께서는 생명을 함부로 해할 수 없다는 깨달음을 주셨다. 그리고 성찬이 때보다 기쁜 생각만 하려고 애썼고, 일도 너무 피곤하지 않을 만큼만 하려고 노력했다. 수시로 배를 문지르며 기도했다. 성찬이의 건강뿐만 아니라 뱃속 아기의 건강도 함께 기도했다. 다행히도 둘째 아이는 뱃속에서 지내야 할 시간을 다 채우고 태어났다.

둘째 아이는 정말 신기하게 생겼었다. 장학일 목사님이 보시고는 한 마디를 던지셨다.

"녀석, 참 희한하게 생겼네. 이름은 희찬이로 하자."

주위에 있던 가족들이 웃음을 터뜨렸다. 그래서 정말 이름이 희찬이가 되었다. 한자는 기쁠 희(喜), 찬양 찬(讚)을 썼다. 희찬이는 그렇게 태어날 때부터 우리의 기쁨이 되었다. 성찬이가 아픈 상황에서 연년생으로 태어나 많이 신경을 써주지 못했지만, 그 아이는 태어난 그 순간부터 지금까지 나의 기쁨이다.

나는 희찬이가 태어나고 나서는 두 아이의 과외비를 하나님께 드리기 시작했다. 그리고 가정에서는 무엇에 주안점을 두고 양육할까 고민하며 기도했다. 그리고 말씀 신동을 만들고 싶다는 생각이 들었다.

나는 대학원 전공이 음악교육이었기 때문에 교육학에 대한 이론을 많이 배웠다. 교육에 대한 기본기는 탄탄하다는 자부심도 있었다. 그러나 무엇보다도 자녀 교육에 있어 중요한 것은 하나님의 말씀인 성경이었다. 세상적인 교육 이론과는 비교도 될 수 없는 비밀들이 성경 안에 고스란히 담겨 있지 않은가? 그래서 나는 그동안 배운 교육학적인 지식과 마인드를 활용하기도 했지만 무엇보다 성경 중심의 교육을 시킬 것을 다짐했다. 이것은 무엇보다 내 경험이 반영된 결정이었다. 내가 우울하고 힘이 들어 지푸라기라도 잡는 심정으로 붙들었던 것이 말씀이었고, 그 말씀이 결국 나를 살렸음을 경험했다. 나는 그런 경험을 통해 말씀이 얼마나 놀라운 능력이자 지혜인지를 알 수 있었다.

부모라면 자녀가 신동이기를 바란다. 그래서 영어나 논술을 일찍부터 배우게 하며 조기교육에 열을 올리기도 한다. 혹은 예능이나 스포츠를 가르쳐서 그 방면으로 탁월한 사람이 되게 하기 위해 힘쓴다. 이왕이면 어떤 분야에서 일인자가 되기를 원하는 것이다. 하지만 나는 그 어떤 신동보다 '말씀의 신동'이기를 바랐다. 스펙이 훌륭한 아이보다 신앙이 훌륭한 아이를 만들고 싶었다. 행여 다른 부분은 부족할지라도 말씀에 있어서만큼은 타의 추종을 불허할 인재로 키우고 싶었다. 말씀이야말로 지식의 근본이라는 것을 확신했기 때문이다. 그 확신으로 기도했고, 아이들이 유아기 때부터 말씀 훈련을 시켰다.

"또 어려서부터 성경을 알았나니 성경은 능히 너로 하여금 그리스도 예수 안에 있는 믿음으로 말미암아 구원에 이르는 지혜가 있게 하느니라."(디모데후서 3:15)

내가 자녀들에게 시킨 말씀훈련은 혹독했다.

아직 초등학교도 들어가지 않은 아이들인데 말씀을 가슴에 새기도록 성인들도 버거워할 만한 자체 성경 프로그램으로 교육했다. 프로그램이라고 해서 특별한 것이 있다거나 어디서 프로그램을 가져온 것은 아니다. 그저 많이 읽는 것을 기본으로 하는, 내가 고안한 프로그램이었다. 나의 성경 프로그램은 몇 가지 특징이 있었다.

첫 번째, 성경만을 읽혔다.

아이들이 읽기 쉽게 나온 교재가 많이 있었지만 그것보다 말씀에 가까워지도록 성경만을 읽혔다. 성경에는 일반 책과는 달리, 그 자체로 놀랍고 위대한 능력이 있다. 그러기에 읽는 것만으로도 생명력을 얻는다. 특별히 깊은 묵상을 하지 못하는 어린아이라고 해도 분명 그 과정에서는 하나님의 지혜가 임하고 생명력이 넘치는 에너지를 얻는 역사가 일어나리라 믿었다. 칭찬과 박수를 아낌없이 보내며 다른 모든 것에는 그렇게 너그러운 엄마가 이 부분에서는 너무도 진지해지는 것을 보여주었다. 그리고 성경 자체를 가까이하게 하기 위해 영어성경이든 그림성경이든 아이들 곁에는 늘 성경이 있게 했다.

두 번째, 암송을 함께 했다.

하나님의 말씀을 기억하게 된다면, 어떤 순간에서든 그 말씀을 떠올릴 수 있다. 힘이 드는 순간에 그 말씀이 튀어나와 힘을 줄 수 있다. 아직 어린 나이라 말씀을 어떻게 적용해야 할지, 그 말씀이 정확히 어떤 의미를 담고 있는지 잘 모를 수도 있다. 그러나 말씀을 떠올리면 성령님이 그 말씀 가운데서 스스로 역사하신다. 그런 사실을 알기에 성경구절을 암송하는 것 역시 강하게 훈련시켰다.

감사하게도 연년생 둘은 친구가 되었고 라이벌이 되기도 했다.

한 침대에 꼭 같이 재웠고 베개와 이불을 가지고 싸우고 난리를 부려도 각자의 것을 사주는 예는 없었다. 서로가 타협하고 양보하고 이해하는 형제를 만들고 싶었기 때문이다. 그래서 우리 아이들은 커서도 각자의 방을 가져본 적이 없다. 말씀을 늘 함께 외우고 그 외운 말씀은 늘 아빠가 내용을 설명하였다.

세 번째, 시상을 했다.
아이들이 성경에 흥미를 갖게 하기 위해 나는 아이들에게 말씀을 읽고 외우면 용돈을 주었다. 아주 작은 돈을 주면서도 돈의 가치를 알려주었고 십일조를 드리는 법을 알려주었다. 그리고 어려서부터 나는 아이들에게 필요한 군것질은 모두 만들어 먹였고 인스턴트 음식은 사 먹지 않도록 했다. 쉽게 사탕에 길들여진 아이가 사탕 하나에 자신의 가치를 포기하는 것을 보면서 힘들어도 최선을 다했다. 그래서인지 두 아이는 군것질을 거의 하지 않았다. 시상은 시편 1편을 외우면 얼마를 주겠다는 식으로 유도를 했다. 그렇게 흥미를 유도해서라도 말씀을 외우면 자연히 마음에 새겨지고, 자신도 모르는 순간에 그 말씀이 사로잡을 수 있다.

마지막으로, 성경적 사고를 키우는 훈련을 했다.
성경은 정말 온갖 지혜가 담긴 보물창고이기에 그 안에서 배울 수 있는 것은 무궁무진했다. 성경적 사고를 키우는 것은 성경 이야기를 생각할 수 있도록 이끌어주는 것이다.

가령, 노아의 시대에 대한 말씀을 나눌 때면, 이렇게 질문한다.

"노아가 지금 이 시대에 살았다면 어땠을까?"

그리고 바로 대답하게 하지 않고 생각할 시간을 갖게 한 후에 대답하게 했다.

"자, 이제 생각했어?"

"네, 엄마. 노아가 지금 살았으면 동물을 모으기 힘들었을 거 같아요. 동물들은 다 동물원에 있잖아요."

"와, 진짜 그랬겠네."

아이가 대답을 하면, 칭찬하고 호응해 주었다. 그리고 아이의 생각만 듣는 게 아니라 엄마의 생각을 들려주고, 엄마의 생각에 대한 아이의 생각을 들으며 이야기를 이어 나갔다. 이렇게 몇 가지 질문을 던지고 이야기를 나눈 후에, 그 성경인물의 입장이 되어 보는 것으로 마무리했다.

"성찬아, 네가 노아였다면 어땠을까?"

"나도 노아처럼 하나님의 말씀을 들었을 거예요."

"희찬이는?"

"동물을 모으느라 힘들었을 것 같아요. 하지만 열심히 모을 거예요."

이렇게 하여 아이 자신이 성경의 주인공이 될 수 있게 해주면, 하나님의 뜻을 깨닫는 데 도움을 줄 뿐만 아니라 상상력도 풍부해지는 효과가 있다.

비록 어린아이지만 질문을 던져주고 대답하는 동안 성경적인 세계관을 깨우치게 되는 것을 알 수 있었다. 또한 통찰력과 사고력이 확장되는 걸 느꼈고, 무엇보다 올바른 가치관을 갖게 되었다. 사실 아무리 똑똑하고 지혜롭다고 해도 가치관이 바로 잡히지 않으면 결국에는 쓰러지고 만다. 혹은 자신이 쌓은 지식을 엉뚱한 것을 위해 쏟게 되기도 한다. 그런데 성경과 더불어 살아가면 아이들이 올바른 가치관을 가지고 성경 안에서 성숙해진다.

나는 아이들이 초등학교에 입학하고 나서는 삶에 대한 적용도 잊지 않았다. 단지 머리로 익히고 생각하게 하는 것 뿐만 아니라 성경적인 삶을 살 수 있도록 이끌어 주었다. 물론 내 자신도 부족하기에 자녀에게 성경적인 사람으로 살라고 강요하기는 어려웠다. 그러나 함께 성경 안에서 각자 자신을 비춰보며 자신의 삶을 바꿔 나가고 감사와 회개를 드릴 수 있는 것은 누구나 가능하다.

"아이들이 버거워하지 않았나요? 아이들이 잘 따라오던가요?"
내가 이런 말씀 중심의 교육을 이야기하면, 종종 이런 질문을 듣는다. 솔직히 아이들도 처음에는 나의 교육방침에 버거워 하곤 했다. 교재를 사용하지 않고 성경을 그대로 읽었기 때문에 쉬운 일은 아니었다. 성경에는 어른들도 읽기 힘들 정도로 어려운 본문도 많다. 그러기에 아이들은 어쩌면 재미있고 쉬운 동화책을 더 원할지도 모른다.

그러나 꾸준히, 지속적으로 성경을 읽히고 암송시키라고 말하고 싶다. 당장에는 뚜렷한 결과를 느끼지 못하겠지만, 자신도 모르는 사이에 아이들이 변하고 있다는 걸 느끼는 날이 올 것이다. 그리고 그 암송한 말씀이 평생 간다.

우리 아이들도 처음에는 변화가 있는지 몰랐다. 정말 잘하는 것인지 스스로 의문이 들기도 했다. 하지만 꾸준히 하다보니 점점 변화되어가는 것을 느낄 수 있었다. 성경과 자연스럽게 친해져 가는 모습이 보였다. 무엇보다 말씀은 성품을 변화시키고, 다듬어 주었다. 인성교육이나 예절교육을 따로 시키지 않았음에도 자연스럽게 예의 바른 인격을 겸비해 나가는 모습을 볼 수 있었다.

아빠는 자녀들과의 대화에서 단 한 번도 주입식이 아니었다. 아이가 이해할 때까지 몇 시간이고 토론을 해주었다. 지금도 두 아이는 자신들의 이야기를 몇 시간이고 아빠와 나눈다. 이해가 될 때까지…….

아이들을 우리 집 목사님으로 세웠다

큰아들 성찬이 여섯 살, 작은아이 희찬이 다섯 살이 되었다. 아이들이 건강하게 잘 자라주어 참 감사했다. 무엇보다 성찬이가 잘 자라주는 것에 감사하며 하루하루를 보냈다. 아이들은 이제 외우고 있는 성경구절이 제법 많았고, 성경 읽는 것은 어느새 생활이 되었다. 한글을 깨우쳐서 성경을 직접 읽을 수 있었고, 자기들이 직접 읽는 것이 신기한지 스스로 읽으며 히죽거리기도 했다. 그 모습을 보고 있으면 세상의 학자나 재벌들이 부럽지 않았다. 내 마음은 충분히 부자였고, 아이들과 함께 있을 때 나는 최고로 행복한 사람이었다.

나는 이제 말씀교육과 더불어 예배교육이 필요하다고 생각했다.
아이들이 글씨를 읽을 수 있으니 성경봉독이나 대표기도도 가능했다. 가정예배를 드리기에 적합한 시기라는 생각이 들어 남편에게 제의했다.
"이제 가정예배를 드리는 게 어떨까요?"
남편은 환하게 웃으며 대답했다.
"아, 나도 그래야겠다고 생각하고 있었어요."
가정예배의 순서와 내용이 담겨져 있는 소책자를 구해왔고, 우리는 그날부터 주일을 제외하고 거의 매일 가정예배를 드렸다.

가정예배를 드리는 가정은 많이 있다. 그리고 가정예배를 통해 회복이 되고, 주님의 사랑을 경험하는 가정의 이야기도 종종 들을 수 있다. 하지만 우리 가정예배는 여느 가정예배하고는 조금 달랐다.

온 가족이 저녁시간에 모여 드리는 것은 같지만, 우리는 아이들을 목사님으로 섬겼다. 그러니까 교회에서는 남편이 목사님이지만, 가정에서는 아이들을 목사님으로 추대한 것이다. 아이들은 번갈아서 목사님의 역할을 감당하고, 그것을 마치 소꿉놀이처럼 즐겼다.

"자, 우리 예배드릴 시간이네요!"

내가 이렇게 말하면 남편과 두 아들이 방에서 나왔다. 우리는 둥글게 앉아서 예배를 시작했다.

"오늘은 어떤 목사님이 진행하실 차례지요?"

남편이 이렇게 말하면 서로 손을 들고 자기라고 말했다.

"저요, 저요!"

희찬이가 말하면 성찬이는, "오늘은 내 차례잖아. 저번 주에 네가 했어."라고 말했다. 그럼 희찬이는 "그런가?" 하며 슬쩍 물러설 때도 있고 "아니야. 이번엔 내 차례 맞아." 하고 우길 때도 있었다. 그러면 남편과 내가 순서를 잡아 주었다.

"자, 그럼 오늘은 성찬 목사님이요. 시작하세요."

"네, 그럼 가정예배를 시작하겠습니다."

겨우 여섯 살인데도 참 의젓하게 예배 인도를 했다. 그 모습에 때로는 피식 웃음이 나기도 했다.

예배를 인도하는 도중 우리는 정말 진지했다. '아멘!'도 연발하고 두 아이를 진정으로 인정해 주었다.

가정예배는 주일 대예배와 다를 바 없이 모든 식순이 있었다. 헌금도 드렸는데, 우리는 그 헌금을 모아 주일날 대예배 때 다시 헌금했다. 처음에는 무릎에 앉아서 예배를 드리던 희찬이가, 어느새 옆에 의젓하게 앉아 예배를 진행하고 드릴 때 참 뿌듯했던 기억이 난다.

"이제 무릎에서 안 드려?"

"엄마! 나는 이제 형아예요."

"호호, 알았어. 의젓하고 멋지네."

희찬이는 어깨를 으쓱하며 웃었고, 그 다음부터는 내 옆에서 예배를 드렸다.

가정예배가 끝나면 그날 나눈 말씀을 가지고 대화를 했다. 가정예배가 자연스럽게 대화로 이어져 우리는 참 대화를 많이 했다.

그것이 가정이 화목할 수 있었던 요인이 아닌가 싶다. 그리고 나눈 대화들에서 얻은 결론이나 주제를 우리는 삶으로 연결하려고 애썼다.

"반드시 우리보다 못한 사람들에게 나눠야 한다."는 결론을 얻었으면, 어려운 사람들에게 나누어 주는 것을 실천했다. 직접 삶으로 보여주는 것만큼 좋은 교육은 없다.

어느 날, 아이들이 예배드리는 모습이 너무 예뻐서 내가 말했다.

"성찬아, 희찬아, 이제 아빠는 긴장해야겠다."

성찬이와 희찬이는 눈이 휘둥그레져서 "왜요?" 하고 물었다.

"성찬이랑 희찬이가 너무 예배를 잘 드려서 아빠보다 더 목사님 같으니까."

아이들은 해맑게 웃었고, 남편도 "정말 긴장해야겠는걸."이라고 말하며 따라 웃었다.

아이들은 가정예배를 기대하고 기다렸다. 점점 예배를 진행하고, 말씀을 읽고, 기도를 하는 모습이 발전하는 것을 보면서 나와 남편은 뿌듯했다. 우리는 아이들에게 칭찬을 아끼지 않았다.

'칭찬은 고래도 춤추게 한다.'고 한다. 아이들을 칭찬해 줄때마다 아이들의 마음이 춤을 추는 것을 느낄 수 있었다. 그것은 자존감을 심어주는 일이기도 했다.

성찬이와 희찬이는 제법 목사의 입장에서 아빠를 조언했다.
한번은 희찬이가 아빠에게 이렇게 말하였다.
"나는 아빠가 너무 좋아요. 그래서 나도 아빠 같은 목사님이 되려고 하는데, 한 가지 아빠에게 단점이 있어요. 그것은 '할렐루야!'를 외칠 때 소리가 너무 작고요. 리듬과 악센트가 있으면 좋겠어요."

진지한 희찬이의 조언에 아빠는 시범을 요구했고 희찬이는 악센트를 뒤에 넣으면서 '할렐루야!'를 외쳤다. 그때부터 남편은 바로 그대로 시행했다.

가정예배가 때우기 식이 되면 안 된다고 생각됐다. 가장 진지하고 소중한 시간이어야 한다. 그러기 위해 다른 모든 부분에서 자녀들에게 너그럽고 넉넉해야 한다. 대충하는 것에 길들여지면 그것이 더 큰 문제가 되기에 가정예배를 위해 준비와 진지함이 필요했다.

아이들을 목사로 섬길 수 있는 시간, 예배를 드리며 하나님의 마음에 동참하고, 신앙의 대화가 풍성해지고, 칭찬을 하며 행복함을 느끼는 가정예배를 우리 가족은 너무 좋아했다. 가정예배는 아이들이 유학을 떠나 있는 지금, 가장 그리운 것이기도 하다.

엄마인 나도 함께 레슨을 했다

자녀들에게 모범을 보이는 것은 너무도 중요하다고 생각한다.

나는 피아노를 전공하면서, 후에 자녀들이 생기면 음악을 가르치고 싶었다. 나는 피아노를 치고, 아이들은 다른 악기를 배우게 해서 함께 연주를 하는 장면을 상상하면 행복해졌다. 친구들은 그런 상상을 하는 나를 툭 치며 말하곤 했다.

"아이고, 삼숙씨! 어느 세월에 아이들을 낳고 악기를 가르치게요?"

"호호, 혹시 알아? 진짜 그런 날이 금방 올지?"

나는 그렇게 되받아 쳤다. 그리고 그 말은 거짓말처럼 현실이 되었다.

아이들이 초등학교에 들어가기 전, 나는 아이들에게 악기를 가르쳤다.

성찬이에게는 첼로, 희찬이에게는 바이올린을 가르쳤다. 그리고 아이들이 레슨을 받을 때 나도 함께 받았다. 무엇보다 이 시기에 중요한 것은 자녀와 엄마가 함께하는 것이라고 생각했다. 어느 정도 성장한 이후에는 독립심을 키워 줄 필요가 있지만 아직 어린아이일 때에는 함께하는 시간이 많이 필요한 것이 사실이다.

이 시기의 아이들은 가까이 있는 대상으로부터 보고 배우고 안정을 찾는다. 그렇기 때문에 양육자가, 특히 엄마가 곁에서 함께해주고 정서적인 안정감을 갖게 해주는 것이 필요하다. 그러기 위해서는 엄마가 먼저 올바로 서야 한다. 자녀들과 함께하면서 엄마의 모든 것이 자녀에게 그대로 흘러가기 때문이다. 나는 하나님 앞에 바로 서려고 노력했다. 말씀을 삶에 적용하고, 기도로 고백하는 것을 게을리 하지 않았다. 진정한 예배자가 되기 위해 애쓰고, 이웃을 위한 봉사도 부지런히 했다. 그렇게 내가 바로 서려고 노력하며 아이들과 함께 음악 공부를 시작했다.

사실 음악 공부를 시작하기 전에 경제적인 부분이 염려되었다. 레슨비가 만만치 않기 때문에 우리 환경에서는 부담이 될 수밖에 없었다. 그래서 기도하며 이리저리 수소문했다.

"아이에게 첼로를 가르쳐줄 만한 선생님이 없을까요?"

나는 성도들과 지인들을 만날 때마다 물었고, 결국 좋은 선생님을 만났다.

이희덕 교수님! 그분은 서울대학을 졸업했고 한 교회에서 지휘자를 겸임하는 믿음의 사람이었다. 성찬이를 피아노 옆에 세워놓고 피아노를 치면서 음계를 맞추라고 하셨다. 절대음감 테스트였다. 평가한 후 자신의 아들처럼 돌보겠다고 하였다. 그야말로 일사천리였다. 그런데 문제는 레슨비다. 우리는 개척교회 목회자 가정이기에 경제적인 능력이 없었다.

'어떻게 해야 하나?'

나는 사정을 이야기했다. 이 교수님은 아이의 성실함과 재능을 보았다면서 그런 문제는 신경을 쓰지 말라고 했다.

이것은 성찬이가 음악가가 되는 길에 최고의 만남의 복이 되는 순간이었다. 그래서 성찬이는 첼로 레슨을 받을 수 있었다. 아이들이 레슨을 받을 때 나도 함께 받았다. 엄마가 함께한다는 핑계로 그저 지켜보고 조언하는 역할만 하는 건 아이들에게 부담이 될지도 모른다. 그래서 나는 똑같은 입장의 학생으로 함께했다.

피아노는 내가 자신 있는 분야였지만, 첼로는 나도 초보였다.

그래도 음악전공자이고 어른이어서 그런지 내가 훨씬 빨리 배우고 익혔다. 그러면 집에 와서 나는 아이들에게 다시 그날 배운 것을 가르쳤다. 그러면 비용을 들이지 않고 복습을 할 수 있어서 좋았다. 그리고 내가 연습하는 모습을 아이들이 자연스럽게 접하게 했다. 아이들이 놀이터에서 놀고 들어오면, 나는 연습을 하고 있는 것이다. 그럼 아이들은 "엄마, 우리도 같이 해요!" 하며 악기를 들고 나왔다. 아마 내가 가만히 있으면서 아이들에게 연습을 강요했다면, 아이들은 금세 흥미를 잃었을지도 모른다. 아무래도 연습하라는 소리가 잔소리로 들렸을 것이다. 그러나 함께 시간을 보내고 함께 연습을 했기 때문에 아이들은 그렇게 받아들이지 않았다. 나 또한 잔소리를 할 필요가 없어서 참 좋았다. 나와 아이들은 연습을 하면서 더욱 친밀해졌다.

한 주에 한 번의 레슨이었지만 내가 배운 덕에 일주일 내내 레슨을 받는 효과가 있었다.

훈련은 나와 함께 혹독하게 했다

가끔 아이들에게 많은 교육을 시키고 강요해서 아이들이 상처를 입는 모습을 보거나 듣는다. 그래서 나는 함께하라고 충고하고 싶다. 엄마는 편하게 있으면서 자녀에게만 그 모든 것을 요구하면 어느 순간 반감이 생겨서 문제가 일어날 수 있다. 하지만 엄마가 함께 그런 과정을 겪어나간다면 힘들어도 그것이 부작용으로 나타나지 않는다.

나는 한번 시작하면 혹독하게 훈련을 시키는 엄마였다. 말씀 훈련도 그랬고, 악기 연주도 그랬다. 함께하면서 행복했지만, 때로 아이들은 힘들었을지도 모른다. 하지만 나는 이렇게 강력하게 연습을 시키는 것이 훗날 분명 자양분이 될 거라는 믿음을 잃지 않았다. 그리고 다른 모든 부분은 하나님께 맡겼다. 하나님이 책임져 주신다는 확신을 꼭 붙들고 있었다.

사실 아이들이 초등학교 입학을 하면서는 이리저리 신경도 쓰이고 염려도 되었다. 학교에서 공부는 잘 따라가는지, 아이들과 잘 어울리기는 하는지, 선생님의 사랑은 받으며 지내는지, 등하교 길에 무사할지 등 신경을 쓰기 시작하면 한도 끝도 없는 염려가 밀려들었다. 나는 이 모든 염려를 하나님께 맡기는 훈련을 했다.

보통 엄마들은 학부모 총회 등에 참석하기 위해 학교에 간다. 가정통신문을 통해 학교에 내방하여 상담할 수 있는 기간을 알려주면, 아이의 학교생활에 대한 궁금증을 품고 학교에 가기도 한다. 하지만 나는 아이들이 다니는 학교에 찾아가지 않았다. 두 아이의 학창시절을 통틀어 졸업식도 한 번만 갔다. 내가 그렇게 행동했던 것은 분명한 이유가 있었다.

자녀를 사랑하는 마음으로 강하고 바르게 교육하는 것은 필요하지만, 이것저것 다 챙기는 것이 반드시 필요한 것은 아니다. 그 부분은 하나님이 하실 일이었다. 부모로서 우선적으로 해야 할 일은 아이들이 하나님의 자녀로 자라게 하기 위해 교육하고 양육하는 것이고, 그 외에는 하나님께 맡겨야 한다고 생각했다.

"하나님, 성찬이는 죽을 뻔했다가 살아났잖아요. 그 이후로도 주님이 지켜주셔서 난관을 이겨내고 건강하게 살아갈 수 있었어요. 그런 경험들이 하나님을 더욱 의지하게 했어요. 자녀를 책임져 주시는 분이 하나님이심을 보다 강력하게 믿을 수 있었지요. 아이들이 어렸을 때는 잘 품고 있다가 커가면서는 스스로 할 수 있는 사람으로 훈련시킬게요. 신앙과 음악 교육은 하겠지만, 나머지는 다 주님께 맡길게요. 모든 염려를 주님께 내려 놓습니다."

나는 이렇게 매일 기도하며, 자녀에게 신경 쓰는 에너지를 교회 사역으로 돌렸다. 나는 아이의 엄마이기도 하지만 하나님께서 사모라는 사명도 주셨기 때문에 그 부분에 있어서도 최선을 다해야 했다. 특히 교회가 더 부흥해 가면서 헌신해야 할 일이 많아져 교회 일만으로도 바쁠 때가 많았다. 그런 순간에는 자녀의 학교생활보다 교회 일에 더 중점을 두었다.

어떤 면에서 나는 정말 무서운 엄마였다. 아이의 미래를 위해 현재의 칭찬이나 행복을 스스로 물리치고 있었으니 말이다.

학교생활에 신경을 쓰지 못한 것처럼, 아이들의 차림새에도 신경을 쓰지 못했다. 아니, 이것은 일부러 신경을 쓰지 않았다.

'어떻게 하면 우리 자녀가 돋보일까?'

'더 좋은 옷을 입힐 수 있을까?'

'어떤 좋은 브랜드의 옷을 입혀야 기죽지 않을까?'

이런 것은 중요한 문제가 아니었다. 나에게는 어떻게 하면 더욱더 말씀의 반석 위에 선 자녀가 될 수 있을지, 어떻게 하면 더욱더 하나님의 자녀로서 잘 자라갈 수 있을지가 더 중요했다. 그리고 그것이 자녀를 정말 위하는 길임을 알았다. 그것이 진정 자녀들의 미래를 단단하게 해주기에!

그러다보니 다른 집 아이들이 입던 옷을 물려받아 입힐 일이 많았다. 물려 입다보니 제 나이에 맞는 옷이 거의 없었다. 하나는 팔이 길고, 하나는 다리가 길어 수선을 해서 입혔다.

초등학교 고학년이 될 때까지 아이들은 늘 츄리닝(트레이닝복) 차림이었고, 다른 아이들이 입던 옷을 입고 다녔다. 그런데 참 신기한 것은 아이들이 그런 것을 신경 쓰지 않았다. 그랬는데, 성찬이가 6학년 때 집에 와서 처음으로 이런 말을 했다.

"엄마, 친구들이 내 옷 보고 아빠 옷이냐고 놀려요."

나는 그 이야기를 듣고 가슴이 아팠다. 어느 엄마도 자녀가 놀림받는 걸 좋아할 리 없다. 게다가 한 번도 불평하지 않았던 아이가 그런 말을 전하니 나는 적잖이 놀랐다. 나는 그때 거의 처음으로 새 옷을 사주었다.

나는 그렇게 내가 직접 훈련시켜야 하는 부분을 제외하고는 모두 하나님께 맡겼다. 아이들의 학비와 옷, 그리고 그 외의 모든 것들을 하나님이 해주실 거라고 믿었다. 그리고 아이들이 열 살, 열한 살이 되었을 무렵에는 스스로 살아가는 훈련을 시작했다.

겉이 화려하기보다는 속이 더 견실한 아이가 되면 얼마나 좋을까? 경쟁도 모르고 메이커의 멋진 옷도 모르지만 두 아이는 학교에서 가장 유명한 아이들이 되었다. 큰아이는 음악 콩쿠르만 나가면 1등을 하여 학교를 알렸고, 둘째는 탁월한 리더쉽 덕분에 많은 아이들에게 인기가 있었다. 당시 교장이신 차동채 선생님은 두 아이에 대해 특별한 사랑을 주셨다. 늘 아이들을 불러 격려해 주었고, 우리 교회를 학교 학예회 발표회장으로 사용했으며, 두 아이를 세우는 것을 즐거워 하셨다. 은퇴 이후에도 두 아이를 챙기셨다.

스스로 서게 했다

오늘날 많은 자녀가 부모로부터 많은 것을 공급받는다.

과거에 비해서 경제적인 형편도 나아지다보니 자녀를 위해서라면 교육비를 비롯하여 모든 것을 아끼지 않는다. 학원도 많이 보내고 필요한 것이 있으면 다 사주려고 한다. 그런데 정작 시간이 지나면서 부모가 아니면 아무것도 못하는 존재로 되어간다. 특히 어려움이 생겼을 때 스스로 이겨 내려고 하기보다는 부모에게 기대려고 한다. 나이가 들어서도 마치 아이처럼 계속 의존하고 대신 해결해 달라고만 하는 것이다. 캥거루 자녀가 될 수 있다.

게다가 어려서부터 다 해주고 다 챙겨주다 보니 자신도 모르게 이기적인 사람이 되어간다. 지구가 자신을 중심으로 돈다고 느끼는 모양이다. 다른 사람들도 자신을 우선적으로 챙겨주기를 원하고, 어떤 상황에서든지 남을 배려하기보다는 자신을 먼저 챙기고, 자신의 이익을 우선시한다. 그러다 보니 좋은 교육환경 속에서도 아이들이 더 약하고 인격적이지 못하게 성장해 간다. 나는 부모들에게 말하고 싶다. 하나님을 의지하되, 부모 없이도 홀로서기를 할 수 있는 자녀로 만들어야 한다고.

나는 아이들이 어렸을 때 레슨을 함께 다녔다. 하지만 아이들이 열 살, 열 한 살이 되고 나서는 둘이서 레슨을 다녀오게 했다. 그 때 당시 레슨 받으러 가는 장소는 우리 집에서 버스와 전철을 갈아타며 2시간이나 걸리는 거리였다. 사실 아이들이 스스로 찾아가기에는 무리가 될 만큼 먼 거리였다. 아이들의 뒷모습을 보면서 '지금이라도 따라갈까?'라고 생각한 적이 숱하게 많다. 어떻게 불안하지 않겠는가? 길을 잃는 것은 아닐까, 성찬이가 희찬이를 잃어버리는 건 아닐까, 엉뚱한 곳으로 가지는 않을까……. 마음이 불안했다. 하지만 그 불안함을 꾹 누르고 말했다.

"레슨 잘 다녀와. 성찬이는 동생 잘 챙기고."

"네, 다녀오겠습니다."

아이들이 꾸벅 인사를 하고 현관을 나서면 나는 하나님께 아이들을 맡기는 기도를 했다.

둘째 희찬이가 밤 11시가 넘어서도 돌아오지 않았던 적이 있다. 전철에서 졸다가 바이올린을 놓고 내린 것이다. 그것을 찾겠다고 초등학교 2학년 희찬이는 전철을 뒤지다가 전철이 끊어질 때 역무원에게 발견되어 집으로 전화가 온 것이다. 나중에 알고보니 바이올린을 마을버스에 두고 내렸고 결국은 수소문하여 찾을 수 있었다. 나나 아이 모두 스스로 서는 훈련에는 공통점이 있어 만나는 순간 그냥 웃고 말았다.

더 크게 멀리 보게 했다

아이들이 열세 살, 열두 살이 되었을 때 그 날도 아이들을 위해 기도하는 중에 주님이 좀 더 먼 곳으로 아이들을 보내라 말씀하시는 것 같았다. 나는 다시 기도로 준비한 후에, 남편에게 내 의견을 전했다.

"여보, 아이들을 해외로 보내보면 어떨까요?"

"여행을 보내게요?"

"아니요, 전지훈련이요."

"전지훈련이요?"

"네, 둘이서 스스로 여행하도록 하고 싶어요."

그때가 두 아이가 5학년, 6학년 때이다. 남편은 잠시 고민하더니 대답했다.

"그래요, 당신의 생각이 그렇다면 그렇게 해요."

항상 감사하는 것은, 남편이 아이들의 교육에 대해 나를 신뢰했다는 것이다. 내가 계획하고 행하는 것을 방해하거나 염려하지 않았다. 무조건 동의해주었고, 내 교육방식을 응원해 주었다. 아마 남편이 이런 태도로 일관하지 않았다면 내가 이렇게 교육할 수 없었을 것이다.

나는 아이들에게 비행기 티켓을 주며 공항에서 인사했다.
당연히 남편도 나도 따라가지 않았다.
"미국에 도착하면 마중 나온 분이 계셔서 숙소에 데려다 주실 거야. 나머지는 너희들 스스로 알아서 해야 해. 알았지?"
아이들은 고개를 끄덕였다. 지금 생각하면 내 교육방식을 지지해준 남편만큼 그대로 잘 따라준 아이들이 참 고맙다.
아이들은 탑승 게이트로 갔다. 탑승구로 들어가기 전 뒤돌아보고 손을 흔들었다. 나도 밝게 웃으며 손을 흔들어 주었다. 아이들이 잘 들어가는 모습을 보고 나는 뒤돌아서 나왔다.
두 아이가 뉴욕에 있는 동안 사람들이 묻더란다.
"너희 둘만 왔니?"
"네."
두 아이가 뉴욕의 쌍둥이 빌딩을 돌아보고 온 지 일주일 만에 9·11테러가 일어나 두 건물이 무너졌다. 가슴을 쓸어내린 이야기다.

언젠가 이 이야기를 친구에게 하니, 친구가 물었다.

"조기유학을 보낸 거니?"

나는 고개를 저었다.

우리 아이들을 처음 여행 보낼 즈음, 조기유학 붐이 일어났다. 형편이 되는 집안에서 자녀를 탁월한 인재로 키우려고 아주 어린 나이 때부터 해외로 보내 영어 등의 교육을 받게 하는 것이다. 그런데 내가 해외에 보낸 것은 조기유학이 아니었다. 그 비슷한 것도 아니었다. 조기유학처럼 가서 무엇인가를 잔뜩 배워 오라는 것이 아니라, 스스로 해외 생활의 혹독함과 다양함을 겪고 이겨낼 수 있게 하기 위함이었다. 그야말로 전지훈련이었다.

전지훈련을 보내는 이유가 부모와 완전히 떨어져 낯선 환경에서 강건해지는 훈련 의미가 있기 때문이다. 그 과정을 지켜 보면서 마음이 편한 것만은 아니었다. 학교에 보내고도 무사히 잘 다녀올지 마음 졸이는 것이 부모의 마음이다. 그래도 학교는 무슨 일이 생기면 달려갈 수 있는 거리에 있다. 하지만 미국은 바로 달려갈 수 있는 거리가 아니다. 그러니 얼마나 더 애가 탔겠는가?

오가는 길도 걱정이지만 그곳에서 무사하고 건강하게 잘 지낼지 보통 신경이 쓰이는 게 아니었다. 게다가 넉넉한 집안에서 조기유학을 보내는 것처럼 충분한 비용이 있었던 것도 아니었다. 그러니 염려가 가득할 수밖에 없었다. 그러나 그런 염려를 버리는 것이 나에게 주어진 훈련임을 알기에 나는 여전히 하나님을 의지하며 염려를 떨쳐 버리려고 노력했다.

"너희 염려를 다 주께 맡기라 이는 그가 너희를 돌보심이라."(베드로전서 5:7)

사실 두 아이는 유치원도 나오지 않았고 학원도 다닌 적이 없다. 유일하게 두 아이가 다닌 학원은 서예학원 뿐이었다. 그것도 그 학원이 문을 닫을 때까지 6년 동안……. 그렇게 하면서 아껴 모은 돈으로 큰 세계를 스스로가 느끼게 한 것이다.

"애들 잘 있는지 연락해 봤죠?"

남편은 문득문득 걱정이 되는지 이런 질문을 던졌다. 나는 그래도 결정하고 실행을 한 사람이라 잘 견딜 수 있었지만, 남편은 아무것도 모르고 그저 아내를 믿고 따라준 것이기 때문에 더 불안하고 염려되었을 것이다.

"잘 있대요."

나는 남편이 불안해 하며 물을 때마다 이렇게 대답했다.

한 달 후에 공항에 아이들을 마중 나갔다. 남편과 나는 출구를 뚫어져라 바라보며 아이들을 기다렸다.

"엄마! 아빠!"

드디어 아이들이 나왔다. 얼굴을 못 본 사이에 수척해진 것 같기도 하고, 의젓해진 것 같기도 했다.

"우리 아들들, 잘 지냈어?"

아이들은 남편과 내 품에 한 명씩 안겨서 고개를 끄덕거렸다. 나도 모르게 눈시울이 붉어졌다.

"우리 성찬이랑 희찬이, 장하다, 정말!"

아이들은 그 말이 좋았는지 환하게 웃었다. 아이들의 웃음이 내 마음에 햇살이 되었다.

성품을 우선순위로 삼았다

기억나는 장면이 있다. 나에게는 아주 부끄러운 일이다.

내가 어렸을 적에 시골에서 수박서리를 한 적이 있다. 그때는 아이들이 '서리'를 도둑질이 아니라, 짓궂은 장난 정도로 생각했었다. 수박서리에 성공을 하고 얼마나 신이 났던지 "야호!"를 외치며 집으로 갔다. 농구선수가 덩크슛을 넣으면 그런 기분일까? 나는 수박을 보며 내 삶의 만족감을 느낄 정도였다. 하지만 문 앞에서 아버지를 맞닥뜨린 순간, 나의 기쁨은 순식간에 깨어지고 말았다.

"너, 이 수박을 어디서 났어?"

나는 당연히 말을 할 수 없었다. 우물쭈물하는 나를 보면서 아버지는 그것이 이웃의 밭에서 훔친 수박이라는 것을 눈치 채셨다.

"따라와!"

아버지는 수박을 들고 앞장섰고, 나는 아버지의 꽁무니를 따라갔다. 한참을 가다가 아버지는 우뚝 멈춰섰고, 나는 깜짝 놀라서 급정거를 했다. 아버지가 멈춘 곳은 마을 이장 집이었다. 아버지는 이장 집에서 동네 방송용 마이크를 빌려, 직접 방송을 하셨다.

"아, 아! 동네 여러분, 나는 정가올시다. 우리 집 막내딸 삼숙이가 수박을 훔쳐 왔습니다. 이 수박의 주인은 이장 집으로 와서 수박을 찾아가시기 바랍니다."

나는 얼굴이 화끈거렸지만 아버지는 아랑곳하지 않고 똑같은 말을 반복했다.

"우리 삼숙이가 수박을 훔쳐왔어요. 수박농사를 지으신 분은 밭을 확인하시고, 없어진 수박이 있으면 이장 집으로 오세요."

얼마 후에 내가 서리한 수박의 주인이 찾아왔다.

"그거 내 수박 같은데요."

아버지는 수박을 주인에게 건넸고, 나는 고개를 푹 숙였다. 아버지는 나를 콕콕 찌르며 "사과해라."라고 말씀하셨다. 나는 개미처럼 작은 소리로 "죄송합니다."라고 말했다. 주인은 "괜찮다, 다음부터 그러지 마라."고 했고, 나는 "네." 했다. 아버지는 수박 값이라며 돈을 건넸다. 주인은 수박도 받았는데 무슨 돈도 주냐며 받기 싫다고 했고, 아버지는 수박을 훔쳤으니 보상을 해야 하는 거라며 주인의 주머니에 돈을 쑤셔 넣었다. 결국 주인은 수박과 돈을 받고 집으로 돌아갔다.

아버지는 나와 함께 집으로 가면서 말씀하셨다.

"사람은 모름지기 정직해야 하는 거야."

나는 아버지의 꽁무니를 쫓아 가면서 고개를 끄덕였다.

나는 수박을 볼 때면 그 장면이 떠올랐고, 아이들에게 수차례 말하기도 했다.

"그때 외할아버지가 스피커로 방송한 이야기 알지? 그때는 진짜 부끄러웠는데, 그 일로 정직해야 한다는 걸 배우게 되어서 참 감사해. 너희들도 성품이 먼저라는 거 잊지 마라."

아이들은 "네!" 하고 우렁찬 대답을 하거나 "엄마, 알고 있다니까요." 하며 볼멘 소리를 하기도 했다.

나는 아이들에게 음악을 가르쳤지만, 사실 성품을 더욱더 강조했다. 성품이 바르지 못하면 아무리 음악을 잘하고 성공을 해도 기쁘지 않을 것 같았다. 명문대학교를 다녀도 모난 성품을 가졌다면 별로 자랑스러운 일이 아니라고 생각했다.

특히 내가 강조했던 건 정직과 나눔이었다. 이웃을 사랑하고, 어려운 사람들을 위해 봉사하고 나누는 것은 하나님의 사랑을 갚는 가장 좋은 방법이라고 생각했다. 특별히 우리가 열심히 준비하고 공부해서 얻는 것들은 오직 하나님의 지혜와 은혜가 원천이 된 것이기 때문에 하나님께 다시 돌려 드려야 하는데, 그것은 봉사를 통해 이룰 수 있다. 그리고 하나님께서 주신 것들을 다시 나누는 것은 그리스도인의 의무라고 할 수 있다.

우리 가정은 나눌 수 있을 만큼의 물질은 없었다. 하지만 나누고 싶었고, 아이들에게 삶으로 나눔을 보여주고 싶었다. 고민 끝에 음악으로 봉사를 하자는 생각을 했다.

"애들아, 이번에는 엄마랑 너희 둘이 같이 해외로 가보는 건 어떨까?"

"좋아요."

"저도요."

아이들은 모두 찬성을 했다. 나는 그 틈을 비집고 들어가 못을 박았다.

"이번에도 그냥 여행은 아니야."

"그럼 또 전지훈련이에요?"

"그것도 좋아요."

아이들은 해외전지훈련이 좋은 추억이 되었던지, 다시 떠나고 싶은 눈치였다. 나는 아이들을 보고 피식 웃으며 말을 꺼냈다.

"이번에는 봉사야."

"봉사요?"

아이들의 눈이 휘둥그레졌다. 나는 아이들의 모습이 귀여워서 웃다가 다시 말을 꺼냈다.

"응, 음악으로 봉사를 하는 거야. 어때?"

아이들은 자세한 내용도 모르면서 무조건 좋다고 했다. 나는 설명을 덧붙여 주었다.

"엄마는 피아노, 성찬이는 첼로, 희찬이는 바이올린, 이렇게 세 악기가 만나서 하모니를 이루는 거지. 그 연주를 사람들에게 들려주는 연주 봉사야. 어때?"

아이들은 "야호!" 소리를 지으며 좋아했고, 우리는 바로 연습에 들어갔다.

한 달 쯤 서로를 격려하고, 때로는 충고를 아끼지 않으며 연습한 후에 미국으로 떠났다. 우리 3명은 국제적인 음악 봉사를 한 셈이 됐고, 초청한 교회 측에서 경비 일부를 부담해 주었다.

미국에 도착해서 짐을 풀고, 우리는 미국에 있는 교회 등을 돌아다니면서 연주 봉사를 했다. 첼로와 바이올린과 피아노, 세 악기가 만나서 하모니를 이뤘다. 그리고 또 숙소에 들어와 연습을 하고 봉사를 나갔다. 해외에서 함께 연습을 하고 함께 돌아다니며 봉사를 하는 것은 처음 있는 일이었기에 행복했다. 하지만 낯선 곳을 돌아다니고 연주하다보니 저녁이 되면 피곤이 밀려와서 숙소에 돌아오면 바닥에 털썩 주저앉기 일쑤였다. 아이들도 많이 피곤한 눈치였고, 체력이 소진된 건 아닌지 걱정되어 물었다.

"많이 피곤하지?"

"아니오. 새로운 경험하면서 많이 배우는걸요."

"봉사하는 게 기쁘고 좋아요."

아이들은 피곤하다는 말을 하지 않았다. 오히려 봉사를 통해 얻은 것이 많다며 기뻐했다.

지금도 성찬이와 희찬이는 나누는 걸 좋아한다. 아마도 그 봉사

훈련이 큰 도움이 되지 않았나 생각한다. 얼마 전, 미국에 있는 희찬이가 전화 통화 중에 이런 말을 했다.

"엄마, 나에게 도움을 준 친구들에게 밥을 사주려고요. 밥값을 좀 보내주세요."

"무슨 밥을 얼마나 사려고?"

"참, 엄마는……. 우리한테 나누라고 가르쳐 놓고, 이제 와서 그렇게 말하시면 어떻게 해요?"

"그냥 놔두면 안 돼?"

"아, 정말. 사모님이 돼 가지고 놔두라니."

나는 웃음이 터졌다. 한참을 웃고 나서 밥 값을 조금이나마 보내주겠다고 했다.

아무리 성공을 하고, 유명한 사람이 되어도 성품이 온전하지 못하면 무슨 소용이겠는가? 공부도 성공도 중요하지만, 성품이 먼저라고 생각한다.

제4장

자녀를 싸구려로 키우지 않기!

하나님의 시계를 신뢰했다

레슨과 살림과 육아와 사역을 다 감당하려면 시간 관리가 필요했고, 나는 스스로 시간 관리를 잘 할 수 있다고 생각했다. 시간을 잘 조절해서 부지런히 움직인 날은 뿌듯해하며 잠들기도 했다. 시간 관리를 잘 했기 때문에 다 해낼 수 있었다. 나는 그렇게 철석같이 믿었다. 하지만 하나님의 시계가 있다는 걸 알고부터는 내 시간을 믿지 않는다. 아니, 사람의 시계를 믿지 않는다.

성찬이는 출생과 동시에 일시적이었지만 절망을 안겨준 아이였다. 태어나면서 죽을지도 모르는 그 아픔의 상황에서 하나님은 우리에게 믿음을 요구하셨고 생명을 이어가게 해주셨다. 그리고 하나님 안에서 성장하도록 하나님의 방법으로 키워 주셨다.

성찬이는 자라면서 점점 건강을 찾아갔다. 의사의 우려대로 눈이 머는 상황도 피할 수 있었다. 그러나 조산의 위기가 완전히 끝난 것은 아니었다.

성찬이는 초등학교 때까지도 약간 어눌했다. 아이를 가까이서 본 사람이라면 알 수 있는 정도였다. 말의 수준이 또래들보다 현저히 낮았다. 나는 불안했고, 겉으로 차마 드러내지는 못했지만 '학업을 잘 이어갈 수 있을까?' 하고 걱정한 적이 많았다. 내가 아무리 부지런히 아이를 위해 움직인다고 해도 바뀌는 것은 없었다.

하지만 하나님의 시계는 달랐다. 하나님의 시계는 나보다 훨씬 빠르고 놀랍게 움직였다.

하나님의 시간 안에서 성찬이는 일곱 살 때 처음 첼로를 시작했다. 아홉 살 때 음악춘추 콩쿠르에서 1위로 입상하게 되었다. 그때부터 성찬이는 모든 콩쿠르에서 상위 입상을 독식하였다. 전국대회 6관왕 이상을 했으니 말이다. 열세 살 때는 카네기홀 연주를 하게 되어 미국 무대에 데뷔할 기회를 얻기도 했다. 이것은 하나님이 하시지 않고는 도저히 이루어 낼 수 없는 일이었다.

나는 음악적으로는 훈련이 잘 되어가고 있는 성찬이를 보면서도, 언제쯤이면 어눌한 모습이 극복될 수 있을지 막막했다. 중학교 진학을 앞두고 있는 시점에서는 중학교에 가서도 어눌한 모습이 나아지지 않을까봐 걱정이 되어 암담했다.
"사모님, 예원학교를 지원해 보시죠?"
성찬이에게 악기 레슨을 해주신 이희덕 교수님의 말씀이었다.
예원학교는 기독교 정신을 바탕으로 세워진 학교다. 다른 중학교와 달리 전형을 거쳐서 음악, 미술, 무용 등 예술 분야를 공부할 학생들을 뽑는 곳이다. 예술 조기교육을 처음으로 시작한 학교이기도 하다. 나는 과연 그곳에 성찬이가 들어갈 수 있을까 싶었지만, 선생님의 추천대로 예원학교에 지원하고 날마다 기도했다.
"하나님, 예원학교에 우리 성찬이가 입학할 수 있게 해주세요.

그 어눌한 모습이 중학교 가면 사라지게 해주세요."

하나님을 신뢰하며 기도하는 것밖에는 내가 할 수 있는 일이 없었다.

"엄마, 나 합격이에요. 그리고 놀라지 마세요."

성찬이는 활짝 웃으며 달려와 합격 소식을 전했다. 나는 믿을 수 없었다. 그리고 곧 더 믿을 수 없는 말을 들었다.

"엄마, 나 수석 합격이래요."

그저 입학하는 것만도 감사한데 수석합격이라니…….

나는 감격의 눈물을 흘렸다.

"하나님이 해주셨구나. 하나님이 도우셨어."

나는 하나님께 영광을 돌렸다. 하나님이 하셨다고 밖에는 달리 설명할 길이 없는 일이었다. 성찬이는 입학식 날 연주하는 특혜까지 받았다. 하나님이 성찬이를 앞세워 영광을 받으시는 기분이었다.

하나님은 그렇게 아이의 진로를 책임져 주셨다.

그것뿐만이 아니었다. 하나님은 학교에 들어가게 해주신 것뿐만 아니라, 그 외의 우리가 책임져야 하는 물질적인 부분까지 다 책임져 주셨다.

예술 계통은 돈이 여간 많이 드는 것이 아니다. 일반 학교에 비해 학비도 훨씬 비싸다. 실제로 뛰어난 재능을 가지고 있음에도 불구하고 경제적인 형편 때문에 예고 진학을 포기하는 사람들도 꽤 있다고 들었다. 하지만 나는 그 돈을 모으기 위해 헌금을 아끼지는 않았다. 오히려 우리가 쓸 것마저도 하나님께 다 드리다시피 했다. 그리고 하나님을 믿고 기대하면 하나님은 다른 곳에 돈이 안 들어가게끔 막아 주셨다.

언젠가 성찬이 이름으로 5백만 원 헌금을 했다. 생활비를 남겨 놓고 헌금한 게 아니었다. 기도 중에 드리고 싶은 마음이 들었고, 그 돈이 없었지만 먼저 작정하고 헌금을 드렸다. 그리고 얼마 후, 성찬이가 콩쿠르를 나갔고 입상을 했다. 상금이 6백만 원이었다.

"여보, 당신이 믿음으로 드리니까 하나님이 다 갚아주시네."

남편은 콩쿠르 입상 소식을 듣고 기쁜 마음으로 말했다.

"맞아요. 하나님께서 주시는 축복이에요."

나도 하나님의 축복임을 시인했다. 자녀의 이름으로 감당하기 어려울 만큼의 헌금을 하면 하나님은 감당하기 버거울 만큼의 축복을 주시곤 했다. 우리가 쓸 것마저도 하나님께 드리면, 하나님은 다른 곳에 돈이 안 들어가도록 막아 주셨다.

학비도 마찬가지였다. 하나님께서 다 마련해 주신다는 믿음이 있었기에 학비에 대한 염려는 하지 않았다. 여기서 내가 말하고 싶은 건 기복신앙을 가지라는 말이 아니다. 헌금하면 무조건 물질적으로 풍성해진다는 말도 아니다. 분명한 것은, 하나님의 시계를 신뢰하면 하나님이 책임져 주신다는 것이다. 헌금은 신뢰의 한 표현이었을 뿐이다. 신뢰를 드리면 하나님은 어떤 방식이로든 이끌어 주신다.

성찬이는 중학교 1년을 마치고 유학을 떠났다.

성찬이가 이작 펄먼 캠프에 참석을 했는데, 성찬이의 첼로 연주를 본 줄리어드 음대의 에밀리아 노프 첼로 교수가 성찬이를 줄리어드 예비학교로 초청해 입학하게 됐다.

이때도 역시 하나님은 학비 걱정이 없게끔 인도하셨다. 학비와 기숙사비까지도 해결되는 도움을 받았으니 말이다.

하나님은 철저하게 성찬이에게 만남의 복을 주셨다.

성찬이는 줄리어드 예비학교를 졸업하고 고등학교 1학년 방학 때 쉼을 갖기 위해 잠시 귀국했다. 그러다 나에게 이런 이야기를 했다.

"엄마, 한국예술종합학교(한예종) 영재코스에서 학생을 뽑는데요. 그 코스는 고 1부터 신청할 수 있는데 합격하면 고등학교 과정을 건너뛰고 바로 대학생이 될 수 있거든요. 나, 한국에서 그 학교 다니면 어떨까요?"

하나님의 은혜로 유학은 갔지만, 한예종에 입학할 수 있다고 자신할 수는 없었다. 그렇지만 성찬이 건강도 그렇고 경제적 지원도 벅차 오직 하나님께 맡기기로 하고 허락을 했다.

성찬이는 속성으로 오디션을 준비했다.

그 며칠 후 성찬이가 말했다.

"엄마, 나 영재코스에 합격했어요!"

자녀의 합격소식은 몇 번을 들어도 기분이 좋다. 성찬이는 그렇게 2년을 월반한 채 대학생이 되었고 영재코스에 들어가 1등에게 주는 전액 장학금을 3년간 받을 수 있었다. 성찬이의 선생님은 유명한 정명화 선생님이었고, 그분의 특별한 사랑으로 성찬이는 음악세계를 더 잘 열어갈 수 있었다. 더욱 놀라운 것은 열심히 공부한 성찬이가 자신보다 훨씬 나이가 많은 형들, 누나들과 공부를 하면서도 3년 만에 조기 졸업을 하게 되었다는 것이다. 그 과정에서 하나님의 시간 관리는 인간의 시간 관리를 초월하신다는 것을 깨달았다.

사실 성찬이는 조산아로서 다른 아이들보다 뒤처졌던 것이 사실이다. 초등학교 졸업을 할 때까지 말이 어눌해서 걱정을 끼친 아이였다. 그러니까 상식적으로 생각하면 다른 사람들보다 늦어도 한참 늦어야 마땅했다. 수업에 따라가는 것도 어려울 수 있고 졸업이 더 늦어질 수도 있었다. 그러나 하나님께서는 그런 장애물을 넘게 하셨다. 오히려 더 빨리 졸업할 수 있게 하셨고, 더 멀리 공부할 수밖에 없게 하셨다. 가장 느릴 것 같았지만 오히려 가장 빨리 학업의 과정을 밟게 하신 건 하나님의 시간 관리가 있었기에 가능한 일이었다.

하나님의 시계는 지금도 계속 움직이고 있다. 그것은 우리가 눈으로 보는 시계를 초월하는 방식이다. 우리는 우리의 계획을 세우고 우리의 능력에 따라 앞으로의 시간이 어떻게 진행될지 가늠해 본다. 하지만 하나님의 시계는 하나님의 방법대로 우리의 생각을 초월하여 움직인다. 그렇기 때문에 우리가 생각한 것보다 더 빨라질 수도 있고, 더 늦어질 수도 있다.

성찬이는 대학을 졸업하면서 중앙일보 콩쿠르에 도전하였다.
그 콩쿠르는 수 십 년 이어오던, 1등 입상자에게 주는 군 면제 프로그램의 마지막 대회이기도 했다. 성찬이가 우승을 한다면 마음껏 음악을 할 수 있는 기회 중의 기회였다. 열심을 다하지만 잘 안 되는 부분으로 인해, 그리고 여유가 없어 좋은 악기가 아닌 연습용 악기로 대회에서 연주해야 하는 것으로 인해 눈물도 많이 흘린 시간이었지만 성찬이는 이 콩쿠르에서 1등을 하였다. 그래서 군 면제 혜택까지 받게 됐고 그로 인해 성찬이는 시간을 앞당겨 다시 해외로 유학을 가게 되었다.
이번에는 줄리어드 석사 과정에 합격하여 입학하게 되었다. 하나님은 이번에도 다 책임져 주셨다. 석사 과정에 진학하면서 하나님은 음악 실력은 물론, 학문적인 역량까지 계속 계발시켜 주셨으며, 전액 장학금을 받게 하셨다.
성찬이의 모든 과정에는 언제나 스스로가 느끼는 믿음도 한 몫을 하고 있었다. 국제 콩쿠르에 나가게 되어 입상을 하면 성찬이는 그 상금을 모두 하나님께 드리는 일을 하였다.

줄리어드 석사 과정 졸업 후 성찬이는 예일대학교 최고 연주자 과정에 입학했다. 그렇게 만나고 싶어 하던 알토 파리소 선생님을 스승으로 만나게 된 것이다. 물론 장학금과 생활비를 학교에서 지원받았다.

성찬이는 그때 예일대 앞에 있는 뉴헤이븐 장로교회에서 청년들을 섬기며 교회 봉사를 하였고, 아이들을 교회로 인도하는 일을 하였다.

한번은 늦은 시간에 차를 주차장에 세우고 걸어 오는데 3명의 흑인 강도가 성찬이를 에워싸며 돈을 요구하였다. 너무도 두렵고 위험한 순간, 차량 한 대가 불빛을 비추며 다가왔고 움찔하는 강도들을 뿌리치고 전속력으로 달려 위기에서 탈출하였다.

성찬이를 맡았던 청년 전도사는 이렇게 말했다.

"성찬이는 아무도 못 건드립니다. 하나님이 지키니까요. 최고의 실력자가 단 한 번도 예배를 빠지지 않고 청년들을 인도하여 도전을 주는데 어떻게 하나님이 지키지 않겠습니까?"

이렇게 예일대 시절의 성찬이는 멋진 연주자로 성장하고 있었고 예일대를 졸업함과 동시에 '금호 라이징 스타'로 초청받아 연주를 하였다. 스물네 살 때 석사 과정과 최고 연주자 과정을 마친 것은 또래들에 비해 3년 이상 빠른 것이다. 군 면제까지를 합치면 5년을 월반한 셈이 된다.

성찬이는 2012년 9월부터는 미국 노스웨스턴 음악대학 박사 과정을 시작했다. 2년에 단 한 명을 뽑는 과정이다. 노스웨스턴 대학교는 미국 일리노이 주 북동부의 도시 에반스톤에 있는 사립 종합대학교다. 동문들의 기부금이 많은 학교로 특히 유명하기도 하다. 그래서 학부에서도 교수 1인당 학생 수를 6명 선으로 유지하는 등, 좋은 교육환경을 제공하기로 유명한 학교다. 이곳에서 성찬이는 박사 과정을 밟으며 교수를 돕는 조교로 활동한다. 지금 그곳에서 첼로 전공의 음악박사 과정을 밟고 있는 사람은 성찬이 한 사람 뿐이며, 일주일에 두 시간 강의를 맡아 교수로서의 훈련도 하고 있다. 역시 장학금과 생활비를 지원받으며 행복하게 공부하고 있다. 성찬이가 시카고를 가면서 가장 먼저 찾은 곳이 교회이다. 25분 거리의 감리교회에서 반주로 봉사하며 자신의 길을 가는 중이다.

나는 하나님의 시계가 있다는 걸 깨달은 다음부터 하나님의 시계에, 하나님의 시간 관리에 더욱 의지한다. 인간을 초월하시는 하나님이 바로 나의 하늘 아버지라는 사실에 더욱 감사할 뿐이다.

나는 모든 부모들이 하나님의 시계를 신뢰할 수 있기를 간절히 바란다. 하나님의 시계를 신뢰하면 하나님이 어떤 방식으로든 이끌어 주신다. 그 방식은 인간이 감히 생각할 수도 없는 놀라운 방법과 최상의 타이밍을 포함하고 있다.

자녀의 미래에 귀 기울였다

"사모님, 어제 학교에서 희찬이가 또 벌서고 있던데요?"

"아, 그래요? 자주 있는 일인걸요, 뭐."

희찬이는 좋게 말하면 비범하고, 솔직히 말하면 말썽꾸러기인 아이였다. 반에서는 항상 하위권에 머무르는 성적, 숙제를 왜 해야 하는지 모르겠다며 숙제와 공부는 항상 뒷전이고 친구들과 놀기만 좋아하는 성격, 책가방에는 책 대신 오로지 축구화와 운동화만 넣어 가지고 다니는 아이, 모두 다 중학교를 졸업하기 전 희찬이의 이야기이다.

희찬이가 아주 어렸을 때, 한번은 시골 장에 놀러 갔다가 사라진 적이 있었다. 여기저기 정신없이 찾으며 돌아다녔다.

"여보, 저기 있네."

남편이 먼저 발견하고 손가락으로 한 곳을 가리키며 말했다. 남편의 손가락을 따라가보니 엿장수가 엿을 팔고 있었는데 희찬이는 엿장수 장단에 맞춰 옆에서 춤을 추고 있었다. 나는 너무 어이가 없어서 웃음이 나왔지만 자신만의 세계에 빠져 열심히 춤을 추고 있는 희찬이의 모습을 눈여겨 보았다.

희찬이는 주위 사람들을 즐겁게 하는 긍정적인 에너지가 있는 아이였다. 어렸을 때부터 말하는 것을 그 누구보다 좋아했고 사람들과 함께 있는 것 또한 좋아했다. 밝고 유쾌한 모습 때문인지 교회 어르신들, 누나 형들, 친구들, 동생들 할 것 없이 모두 다 희찬이를 좋게 봐 주었다. 그리고 희찬이도 자신이 가지고 있는 장점들을 통해 주변에 있는 사람들에게 좋은 영향력을 주기 위해 노력하는 아이였다.

우리 부부는 밝고 활달한 희찬이에게 성적에 대해 많은 요구를 하지 않았다. 학교에서 1등하는 것보다 하나님의 기준을 따라 훌륭한 인성과 가치관을 갖는 것이 아이들에게 더 중요할 것이라는 우리들의 교육 철학 때문이었다. 그렇다고 해서 성적에 대해 아예 관여하지 않은 것은 아니였다.

희찬이가 중학교 2학년이었던 어느 날, 남편이 희찬이를 붙들고 물었다.

"희찬아, 너 공부는 하고 있니? 몇 등이나 하니?"

희찬이는 당당하게 말했다.

"아빠, 그런 거 묻지 마세요. 지금 이 나이에 담배 피우고 술 마시는 아이들도 많은데, 나는 그런 것도 안 하고 즐겁게 지내잖아요. 지금 성적이 중요한가요? 오히려 저한테 고마워하셔야 되는 거 아니에요?"

남편은 어이가 없었는지 껄껄 웃으며 말했다.

"그래, 고맙다, 고마워."

비록 공부에는 큰 관심이 없는 아들이 걱정이 되긴 했지만 올바른 가치관을 형성해 나가는 희찬이의 모습은 우리 부부의 큰 기쁨이었다.

"아빠, 내 꿈 아시죠? 나는 꼭 목사님이 될 거니까 걱정 마세요."

"그래, 알았다."

남편은 희찬이에게 꾸중이라도 할까 하고 말을 걸었다가, 오히려 설득을 당하고 말았다.

희찬이는 어려서부터 줄곧 자신의 꿈이 목사님이 되는 것이라고 말했다. 대여섯 살 때 자신이 목사님이 되어 설교를 하고, 청중들이 자기 설교를 듣고 있는 그림을 그린 적이 있다. 그 어린 나이에도 잘 시간만 되면 매일 기독교 계통 방송인 극동방송이나 유명한 목사님들의 설교 테이프를 틀어 놓고 설교를 따라 하기도 했다. 그러한 희찬이의 모습은 우리 부부의 입장에서 참 신기한 광경이었다. 목사가 되겠다는 희찬이의 꿈은 아직도 변함이 없다. 그리고 자신의 꿈을 이루기 위해 차근차근히 미래를 설계하고 있다.

운동장에서 벌을 서는 희찬이를 목격한 사람들이 이 얘기를 들었으면 아마 웃었을지도 모른다. 저런 말썽꾸러기가 무슨 목사님이 될 수 있겠냐고 말이다. 하지만 남편과 나는 철석같이 믿었다. 숙제를 안 해서 혼나고 돌아온 날에도 "괜찮아. 너는 목사님이 될 사람이니까 건강하고 정직하면 돼."라고 했다.

남편은 "정직해라. 거짓말하지 마라. 신앙생활 잘해라. 이 세 가지 기준은 지켜야 좋은 목사가 될 수 있다."며 아이의 꿈을 격려했다. 우리는 자녀의 꿈이라면 믿고 격려해주는 것이 부모의 역할이라고 믿었다.

어렸을 때 희찬이는 바이올린을 배웠다.
하지만 레슨만 간간이 받았을 뿐 음악을 전공할 생각이 없어 중학교와 고등학교는 모두 인문계 학교에 진학했다.
그러던 어느 날, 고등학교 1학년 1학기 중에 희찬이는 대뜸 미국에 가고 싶다고 했다.
"왜 유학을 가고 싶은데?"
"이제 몸으로 때우기가 힘들어요."
나는 자못 기대를 하고 물었는데, 희찬이의 대답은 너무 솔직했다. 숙제를 안 해가서 체벌을 받는데, 이젠 그러기가 너무 힘들어서 유학을 가겠다는 것이다. 간혹 공부를 더 잘하고 싶어서가 아니라 단지 부모님을 떠나, 또 한국의 교육 시스템에서 벗어나 자유롭게 지내려고 유학을 보내달라고 하는 아이들이 있다고 들었다. 나는 희찬이도 그런 경우일까봐 보내지 않겠다고 했다. 하지만 남편의 의견은 달랐다.
"여보, 이번이 하나님의 타이밍일지도 모르잖소. 지금까지 인도하신 하나님께 맡깁시다."
"희찬이가 미덥지 않아서 안 보내겠다고 하는 거지만, 돈도 문제잖아요. 매달 그 큰돈이 어디서 나와요."

"만약에 희찬이가 병에 걸려서 그 돈이 든다면 어떻게 하겠소? 어떻게 해서든 구해주지 않겠어요? 아마 몸을 고치기 위해서 돈 얘기는 안 할 거요. 그런데 건강해서 공부를 하겠다고 하는 거예요. 그럼 해줘야죠."

남편의 말이 맞았다. 그래도 나는 단번에 수긍하기가 어려워 희찬이를 불러다 놓고 말했다.

"확실한 목표의식 없이는 그리고 노력하는 자세 없이는 유학 못 보낸다."

"알겠어요."

나는 그때, 희찬이가 뭐를 알겠다고 한 건지 몰랐다. 그냥 유학을 포기했다고 생각했다. 하지만 얼마 지나지 않아 뭐를 알겠다고 한 건지 알 수 있었다.

그때부터 희찬이가 조금씩 변하기 시작했다. 놀기만을 좋아했던 희찬이는 영어공부, 미국문화 공부 등 유학에 필요한 준비들을 해나가기 시작했다. 갑자기 변한 희찬이의 모습을 보면서 내가 알고 있던 아들이 맞는지 유심히 관찰해보기도 했다. 점점 아이가 변화하는 모습에 마음이 놓였으며, 뜻이 정해지면 저렇게 사람이 바뀔 수 있다는 생각에 많은 것을 느끼기도 했다.

감사하게도 모든 일이 순차적으로 진행되었고 몇 달 뒤 희찬이는 미국으로 가는 비행기에 탈 수 있었다.

두 아이는 나를 따라서 일찍 외국을 다닌 것 때문에 외국에 혼자 가는 것을 두려워하지 않았다.

성찬이, 희찬이 둘다 중학교, 고등학교 시절에 미국으로 유학을 갔지만 부모인 우리가 따라가지 않았다. 스스로 입학하게 했다. 부모가 따라가면 한국교육의 연장일 뿐이라는 남편의 강한 의지 때문이었다.

"잘 다녀오겠습니다."

공항에서 작별인사를 나누는 희찬이의 얼굴이 기억난다. 가족과 떨어져야 한다는 슬픈 기색보다는 미래에 대한 기대감과 책임감으로 가득 찬 모습이었다. 그렇게 한국을 떠나 희찬이는 미국 텍사스 주에 있는 브룩힐고등학교(The Brook Hiil High School)에 진학하게 되었다. 희찬이를 보내면서 나는 희찬이가 잘 적응할지에 대한 염려와 매달 들어갈 만만치 않을 돈에 대한 걱정이 컸다. 하지만 그 모든 짐들을 주님께 다 맡기기로 했다. 지금까지 희찬이의 인생을 인도하신 하나님께서 이 아이의 길을 계속 살피시리라 믿기로 했다.

고등학교 유학시절 동안 하나님께서는 희찬이에게 수많은 만남의 복을 허락하셨다.

희찬이를 위한 하나님의 첫 번째 만남의 복은 희찬이로 하여금 그 학교의 설립자이며 예전 교장선생님이었던 벤 로더데일(Ben

Lauderdale)이란 분을 만나게 하신 것이다.

"희찬이의 밝은 성격, 탁월한 운동실력, 바이올린이라는 특기를 보면서 이 아이는 미래가 밝고 가능성이 많은 아이라는 생각이 들었지요."

80세를 훌쩍 넘기신 교장 할아버지는 한국에서 문제아라고 여겼던 아이에게서 보화를 발견한 듯 "이렇게 훌륭한 아이를 우리 학교에 보내 준 것에 감사하다."고 하면서 이 아이가 다른 학교에 전학하지 않는다면 모든 것을 후원하겠다는 팩스를 보내왔다. 그야말로 기적이며 하나님의 설계가 있었기에 가능했다고 믿는다.

물론 나는 바로 오케이 사인을 보냈다.

희찬이가 방학 때 한국에 올 때면 교장 할아버지는 희찬이에게 용돈을 마련할 수 있게 음악회를 열어주었다. 그야말로 만남의 복 중의 복이었다. 희찬이는 브룩힐고등학교에서 전례없이 학비와 홈스테이비와 음악 교수 레슨비를 전액 지원받으며 공부했다.

나는 하나님께서 희찬이를 위해 그 교장선생님을 예비해 두셨다고 믿는다.

희찬이는 인생을 살아갈때 사람과 사람의 관계가 얼마나 중요한지 알고 있었다. 생소하기만한 백인 커뮤니티에 들어가 어색하고 주눅 들 수 있었지만 학교 입학 후 자신의 재능과 친화력으로 몇 개월 만에 학교 잡지의 표지 모델이 되었다.

방학 때 종종 한국에 올 때면 희찬이는 그동안 전화로 할 수 없었던 간증거리가 될 만한 수많은 이야기를 풀어 놓았다. 하나님께서 허락하신 만남의 복을 통해 자신이 어떻게 성장해왔고 또 얼마나 큰 사랑을 받고 있는지, 그리고 그 사랑을 돌려주기 위해 어떠한 삶을 살아가야 하는지 생각하고 깨닫고 있었다.

그렇게 3년 동안의 고등학교 생활을 마치고 희찬이는 자신의 장기인 바이올린을 전공으로 살려 미국 뉴욕 주에 있는 이스트만 음대에 입학했다.

뉴욕 주 로체스터 시에 위치한 이스트만 음대는 세계적으로 유명한 음대 중에 하나이다. 유명세만큼이나 교수진, 교육 환경, 장학금, 커리큘럼 등도 굉장히 우수한 학교이기에 경쟁률이 높았다. 고등학교를 다니며 자신의 재능을 최선을 다해 계발하고 갈고닦은 희찬이는 그 학교에 당당히 합격하고, 장학금을 받으며 학교에 다닐 수 있게 되어 하나님의 인도하심에 참 많이 감사했다.

희찬이의 이스트만 음대생활 이야기는 며칠을 해도 다 할 수 없을 만큼 가득하다.

이스트만 음대 재학 시절, 희찬이는 로체스터에 있는 한 작은 한인교회에 다니기 시작했다. 처음부터 목사가 되는 것이 목표였던 희찬이는 하나님께서 자신에게 맡기신 교회 사역들을 통해 기쁨을 얻었고 또 여러 가지 사역의 과정 가운데 하나님께서 자신을 더욱 더 아름다운 빛과 소금의 역할을 감당할 주님의 종으로 단련시키고 계심을 느낄 수 있었다고 했다.

어느 날 내가 "좀 더 큰 교회에서 봉사하면 더 많은 걸 배울 텐데……."라고 말하자 희찬이는 말했다.

"진짜 믿음은 부족을 지적하는 것이 아니라 부족을 채우기 위해 그것을 내가 떠맡는 것이라고 생각해요. 한인교회는 부족한 것이 너무 많아요. 그래서 제가 감당하다보니 여러 가지 사역을 하게 되었어요."

그렇게 희찬이는 여러 가지 사역을 하면서 청년 부흥을 위해 힘썼다. 자신의 재능과 열정을 다해 청년부 임원, 찬양팀 인도, 성경 공부 인도 등 하나님께서 맡겨주신 섬김의 자리들을 기쁨과 감사로 감당해 내었다. 유학생 이사를 수십 번 돕고, 찬양팀과 성경 공부반을 인도하며 음식 만드는 법을 배워 유학생들에게 늘 먹을 것을 제공했다. 어려서 몸에 밴 것이 커서도 나타난 것이다.

그렇게 4년의 시간이 흘러 이스트만 음대를 졸업하고, 희찬이는 음대 대학원이 아닌 자신이 원래 가고자 했던 목회자의 길을 가기 위해 신학대학원에 진학하기로 결심했다. 에모리대학교, 밴더빌트대학교, 뉴크대학교, 예일대학교 등 내노라 하는 학교들에 지원 했고 하나님의 은혜로 지원한 모든 학교로부터 합격 통보를 받을 수 있었다. 희찬이는 현재 전액장학금과 생활비까지 나오는 예일신학대학원에 진학하여 하나님이 주신 꿈을 이루기 위해 공부 중이다.

희찬이는 개구장이였다. 고등학교에 들어가기 전까지는 숙제를 해본 적도 거의 없고, 학교 공부에는 관심도 없었던 아이였다. 하지만 우리 부부는 자녀의 현재를 심각하게 받아들이지 않았다.

그 대신 하나님의 방법으로 자녀들을 양육하며, 그 무엇보다 하나님의 기준에 따라 올바른 가치관을 심어주는 일에 최선을 다했다.

우리는 자녀의 현재를 보는 부모가 아니라, 자녀의 미래를 보는 부모가 되어야 한다.

나는 순종의 법칙을 안다.

"먼저 그의 나라와 그의 의를 구하라."라고 말씀하시는 하나님께서는 우리가 그렇게 했을 때 "그리하면 이 모든 것을 너희에게 더하시리라."라고 또한 말씀하신다. 우리는 때때로 무작정 하나님께 자녀가 잘되게 해달라고 간구하기만 한다. 하지만 그것은 잘못된 순서라고 나는 굳게 믿는다.

자녀의 성공을 간구하는 기도를 드리기 전에 먼저 자신에게 질문해야 한다고 생각한다.

"나는 내 자녀에게 영적으로 본이 되고 있는가?"

"나는 부모로서 하나님의 기준에 맞게 살아가고 있는가?"

"내 자녀가 어떠한 환경에서도 먼저 하나님의 나라와 의를 구할 수 있는 가치관과 믿음을 형성할 수 있도록 노력하는가?"

중학교 때까지 성적이 항상 하위권에 머물던 아이가 예일대를 당당히 그것도 장학금으로 공부한다는 것은 나에겐 놀라운 일이었다. 하나님이 해주신 것이다. 내가 부모로서 한 일은 딱 한 가지였다. 하나님께 순종하는 삶이 가장 위대하고 아름다운 삶이라는 사실을 자녀에게 보여주고 가르친 것!

나는 드림의 법칙을 안다.

그것은 메아리의 법칙이다. 한 번의 외침이 수많은 메아리가 되어 돌아오듯 하나님께 드리는 것은 반드시 메아리가 되어 돌아올 것이다.

성경을 통해 하나님을 만나게 했다

"합격의 비밀이 뭐예요?"

아이들의 합격소식을 전할 때마다 이런 질문을 받았다. 그럼 나는 당당히 한 문장으로 이야기한다.

"성경을 통해 하나님을 제대로 만나게 해주는 거지요."

누군가는 고개를 끄덕거리고, 누군가는 갸우뚱거리기도 한다. 하지만 이것이 정답이다. 합격의 비밀은 '성경말씀'이다.

"좋은 선생님을 만나야 할 텐데……."

초등학교에 자녀를 입학시키는 엄마들은 하나같이 이런 걱정을 말한다. 교육에 있어서 가장 좋은 방법은 좋은 선생님을 만나게 해주는 것이기 때문이다.

그럼 가장 위대한 선생님은 누굴까?

고민할 가치도 없이 하나님이시다. 그런데 부모들은 가장 좋은 선생님인 하나님께 연결시켜주려고 하지 않고 이 세상에서 어떻게 하면 좋은 선생님을 만나게 할 수 있을지를 고민한다.

물론 하나님 말고도 좋은 선생님이 필요하다. 하지만 그 역시 하나님이 만남의 축복을 주셔야 가능한 일이다.

"자녀가 하나님과 직접적으로 만나게 해주세요."

나는 젊은 엄마들에게 이렇게 조언한다.

"저는 신앙 안에서 자녀를 키우는걸요. 자녀가 어렸을 때부터 교회에 다닐 수 있도록 인도하고 일상 가운데에서도 기독교적인 형식을 갖추도록 교육해요. 가령 식사 전에는 꼭 식사기도를 시키는 것처럼 말이죠."

누군가 이렇게 대답했던 기억이 난다. 물론 맞는 말이다. 하지만 그것만으로는 부족하다. 아니, 우선순위가 바뀌었다는 말이 더 정확하겠다. 자녀와 하나님이 만나는 게 먼저다. 예수님을 구세주로 믿으며 하나님의 자녀가 되고 하나님을 만나게 해야 한다. 그리고 그 방법은 하나님 말씀을 통해 가능하다.

"영접하는 자 곧 그 이름을 믿는 자들에게는 하나님의 자녀가 되는 권세를 주셨으니." (요한복음 1:12)

"볼지어다 내가 문 밖에 서서 두드리노니 누구든지 내 음성을 듣고 문을 열면 내가 그에게로 들어가 그와 더불어 먹고 그는 나

와 더불어 먹으리라."(요한계시록 3:20)

말씀만큼은 강제적으로라도 가까이 해주는 것이 필요하다. 말씀을 통해 성령이 임하시는 경우가 많다. 그 과정 가운데서 하나님과의 만남이 자연스럽게 이루어진다. 자녀가 어려서부터 말씀과 함께 하면 성령의 이끄심에 따라 하나님과의 인격적인 만남이 보다 빨리 이루어질 수 있다.

하나님과 인격적으로 만나게 되면 인생이 변한다. 하나님의 뜻에 합당한 삶을 살려고 노력하게 되고, 자연히 누구보다 최선을 다하며 성실하게 살아간다. 또한 그런 모든 노력이 자신의 욕심을 위한 것이 아닌 하나님과 이웃을 향한 것으로 돌려지게 된다.

자녀에게 적어도 하루에 30분씩은 말씀을 읽게 해주어야 한다. 다른 어떤 조기교육보다 말씀을 우선순위에 두고 열심히 읽게 해보자. 조기교육을 철저하게 받은 자녀보다 더 지혜로워지고 성품도 바르게 가꿔지며 성장할 것이다.

"지금이라도 하나님을 만나게 된 것이 너무 기쁘지만 더 빨리 하나님을 알았으면 얼마나 좋았을까요?"

얼마 전에 하나님과 인격적으로 만난 한 성도의 말이다. 이 성도 뿐만 아니라 주변에 보면 예전에는 하나님을 몰라서 세상 가운데서만 살다가 나중에서야 하나님과의 인격적인 만남을 경험하여

새 사람이 되는 사람들이 있다. 혹은 예수님을 믿는다고 하면서도 인격적인 만남 없이 형식적으로 신앙생활을 하다가 나중에서야 인격적인 만남을 경험한 후 제대로 된 신앙인으로 거듭나는 경우도 있다. 그런 경우에도 역시 일찍 하나님을 만나지 못한 것이 아쉽다고 말한다.

하나님을 만나는 건 이를수록 좋다. 이미 부모가 예수님을 믿고 있다면 자녀에게 충분히 그런 기회를 제공해 줄 수 있다. 자녀에게 그것은 가장 좋은 선물이 될 것이다. 다른 분야에서 신동으로 키우려고 노력하고, 다른 것으로 스펙을 쌓으려고 할 필요가 없다. 말씀의 신동이 되게 하면 나머지는 자연히 따라온다.

"엄마, 내가 합격할 수 있었던 건 성경말씀 덕분이에요."

자신이 지원했던 신학대학원에 합격하고 나서 희찬이가 말했다.

당시 대학원에서는 입학전형을 치를 때 에세이를 요구했다. 그래서 많은 지원자가 에세이 준비에 열심을 쏟았다. 실제로 한국에서도 유학을 준비하려면 이 부분에 많은 신경을 써야 한다. 그러다 보니 에세이를 전문적으로 가르치는 학원도 많이 생겼고, 그것에 관련한 책도 많이 나왔다.

그러나 그렇게 배워서 쓰다 보면 우려되는 점이 한 가지 있다. 자신의 생각과 정신이 담긴 에세이를 쓰지 못하고, 합격을 위해 틀에 맞춘 에세이를 쓰게 되는 점이다. 그럼 높은 점수를 받지 못한다.

하지만 희찬이의 경우에는 따로 에세이를 위해 공부를 한 적이 없었다. 학원은 당연히 다닌 적도 없었다. 그런데 희찬이의 에세이에는 뚜렷한 가치관이 담겨 있었고, 그 가치관에 입각하여 기승전결이 명확했다. 자신의 가치관을 통해 구현하고 있는 비전이 분명하게 제시된 에세이를 보며 학교 측에서 감동했다는 이야기를 전해 들었다.

"엄마, 내 가치관은 성경말씀에서 얻은 거예요."

희찬이는 하나님의 말씀 덕분에 뚜렷한 가치관을 가질 수 있었다고 고백했다. 다른 책을 많이 읽고 유난히 생각이 깊어서가 아니라, 어려서부터 말씀을 가까이 했기에, 에세이를 쓸 때 남들과 다른 생각을 오롯이 담을 수 있었던 것이다.

어려서부터 말씀을 읽고, 말씀의 뿌리가 마음에 자리 잡게 되면 올바른 가치관이 생긴다. 그리고 앞으로 어떻게 살아야 할지에 대한 분명한 비전이 자라난다. 말씀은 대충 살게 하지 않기 때문이다.

성경에 하나님의 교훈을 받으면 자녀에게 큰 평안이 있을 거라고 했다.

"네 모든 자녀는 여호와의 교훈을 받을 것이니 네 자녀에게는 큰 평안이 있을 것이며."(이사야 54:13)

"마땅히 행할 길을 아이에게 가르치라 그리하면 늙어도 그것을 떠나지 아니하리라."(잠언 22:6)

나는 많은 부모들이 이 말씀을 붙들고, 아이들을 말씀으로 교육했으면 좋겠다. 그래서 합격의 비밀이 성경말씀이라고 고백하는 사람들이 곳곳에서 많아졌으면 좋겠다.

아이의 가치를 높였다

아이들이 초등학교에 다니던 시절, 초등학교 앞에 있는 문방구에 가면 불량식품이 있었다. 아이들의 준비물을 사려고 갔는데, 아이들은 준비물에는 관심이 없고 불량식품을 가리키며 사달라고 조르곤 했다.

"엄마, 저거 맛있어요. 사주세요."
"그건 먹으면 몸에 좋지 않아. 다른 거 사줄게."

나는 아이들을 데리고 나와 붕어빵이나 호두과자 등 좀 더 안전한 먹을거리를 사주었다. 아마 다른 부모들도 나와 같은 상황이었다면 같은 행동을 했을 것이다.

하나님도 마찬가지다. 우리가 아무리 기도하며 졸라도 하나님이 생각하시기에 그것이 불량식품이면 주지 않으신다.

"엄마, 저거 맛있어요. 사주세요."

어느 날, 성찬이가 말했다. 성찬이가 가리키는 것은 어떤 할아버지가 팔고 있는 군고구마였다.

"응, 알았어. 사가지고 가서 희찬이랑 나눠 먹자."

나는 군고구마를 사서, 성찬이의 손을 잡고 집으로 갔다. 군고구마는 건강에도 좋고 맛도 좋은 간식이다. 내가 마다 할 이유가 없었다. 자녀가 건강에도 좋고 몸에도 좋은 간식을 사달라면 부모들은 대부분 바로 사줄 것이다. 하나님도 마찬가지다. 우리가 한 번만 기도하고, 별로 많이 조르지 않아도 우리에게 좋다고 여기면 바로 주실 것이다.

하나님의 응답은 불량식품일 수 없다. 불량식품이라고 여기면 주지 않으신다. 우리 아버지이기 때문이고, 우리가 하나님의 귀한 자녀이기 때문이다. 그런데 왜 우리는 하나님의 뜻은 생각하지도 않고, 왜 기도를 들어주시지 않는다고 원망을 할까?

한번 생각해 봤으면 좋겠다. 자신이 열심히 헌신하고, 성경적으로 열심히 교육했다고 생각했는데 왜 자신의 자녀는 성과를 얻지 못하냐며 하나님을 원망하는 사람을 가끔 보게 된다. 그런 분들에게 나는 이 이야기를 전하고 싶다. 불량식품을 주지 않으시는 하나님을 신뢰했으면 좋겠다고…….

매해 전국의 고3 학부모들은 자녀가 대학에 무사히 들어갈 수 있게 해달라고 간절히 기도한다. 자신이 할 수 있는 최선의 것으로 자녀의 입시를 위해서 헌신하려고 한다. 이런 바람으로 인해 수능 시즌이 되면 학부모의 발걸음은 각자의 종교단체로 향한다. 자신이 믿는 신을 의지하려는 모습이 그 어느 때보다도 간절해진다.

교회에서의 분위기도 다를 바 없다. 수능 시즌이면 교회마다 '수능생을 위한 작정 기도회'가 열린다. 또한 일부 학부모들은 자녀의 입시를 위해 특별히 많은 헌금을 드리기도 하고, 교회에서 봉사활동을 더 열심히 하기도 한다. 이런 모습을 보면 많은 학부모가 입시에 성공하려면 자녀의 교육환경 뿐만이 아니라, 하나님의 은혜와 이끄심도 중요함을 인정하는 것 같다.

꼭 '수능생을 위한 작정기도회' 때만이 아니다. 신학기를 앞두고 자녀들을 위한 안수기도회가 열릴 때도 마찬가지다. 학부모들이라면 크고 작은 자녀의 교육 문제 앞에서 하나님을 의지하며 기도한다. 스스로 작정기도를 드리기도 한다. 크리스천 부모라면 하나님을 신뢰함으로 자녀의 교육문제가 잘 해결되고, 자녀가 더 좋은 길로 나갈 수 있기를 기대한다. 내가 안타까운 건 그 기대 다음에 따라오는 실망이다.

하나님을 신뢰하는 모습이 나중에 가서는 부정적인 모습을 이끌어오는 경우를 종종 본다. 예상했던 결과가 나오지 않았을 때, 하나님을 원망하는 것이다. 부모가 기대했던 대학, 혹은 자녀가 원하는 대학에 낙방하면 그 화살이 고스란히 하나님께 돌아간다.
"하나님, 왜 우리 자녀는 도와주지 않는 거죠? 내가 얼마나 하나님을 신뢰했는데 왜 이런 결과가 나오나요?"
"저 집 자녀는 기도한 대로 되었는데 왜 우리 자녀는 기도한 대로 안 되나요?"

급기야는 한 두 마디 푸념과 원망으로 끝나는 것이 아니라, 하나님을 향한 불신으로 이어지기도 한다. 그 동안의 믿음생활이 뿌리째 흔들리는 것이다. 헌신과 봉사에 대한 열정이 한순간에 사라지고, 그 열정보다 더 뜨거운 원망을 만들어 하나님께 퍼붓는다.

도대체 왜 이런 현상이 생기는 것일까?

그것은 하나님이 어떤 분이신지도 모르고 자기가 만든 하나님을 신뢰했기 때문이다. 적어도 신뢰를 하려면 그 대상에 대해 잘 알고 신뢰해야 한다. 자기 마음대로 상대를 생각하고 신뢰한다면, 자신이 원하는 반응과 결과가 나오지 않을 때 오히려 부정적인 마음만 생기게 된다.

하나님을 신뢰할 때도 마찬가지다. 우리에게 중요한 문제, 특히 자녀교육과 입시문제 앞에서 하나님을 신뢰할 때, 과연 우리는 하나님이 어떤 분이신지를 알고 신뢰하는가? 이것은 반드시 짚고 넘어가야 할 문제이다.

자녀가 불량식품을 원했지만, 엄마가 불량식품을 주지 않고 몸에 좋은 먹을거리를 주었다고 해보자. 그런데 자녀가 엄마를 원망할 수 있겠는가? 아니다. 자녀는 엄마가 자신을 위하는 것임을 알고 그 사랑을 느낄 것이다. 그건 이미 엄마가 자신을 아끼고 사랑하는 사람이라는 걸 알고 있기 때문이다. 그러나 그 마음을 모른다면, 자신이 원하는 것을 주지 않았을 때 속상한 마음을 감출 수 없다. 엄마가 자신을 사랑하지 않는다고 생각하고, 슬퍼하기 마련이다.

이것은 하나님과 우리의 관계에서도 적용된다.

하나님을 신뢰하려면 하나님이 우리를 가장 잘 아심과 가장 사랑하심을 먼저 인정하고 신뢰해야 한다. 나보다 나를 더 사랑하시고 나보다 나를 더 잘 아시는 하나님을 신뢰할 때 자신의 인생이든 자녀의 인생이든 문제없이 흘러간다. 그러나 그것이 아니라면, 아무리 대단한 열정으로 하나님을 신뢰한다고 할지라도 그것은 껍데기요, 허상일 뿐이다. 원치 않은 결과 앞에서는 금세 등을 돌린다면 마치 불량식품을 안 사준다며 토라지는 아이와 같다.

 ## 문제 앞에서는 나 자신부터 돌아보았다

"사모님, 우리 아이는 대체 누굴 닮아서 저럴까요? 왜 그 모양인지 모르겠어요." 자녀를 양육하는 가운데 문제가 생긴 한 집사님이 찾아와서 말했다. 아이에게 원망의 마음을 잔뜩 품고 있는 상태였다. 나는 그 모습이 안타까워서 우선 자리에 앉히고, 질문을 했다.

"과연 그것이 자녀의 문제일까요?"

내 질문에 그 집사님은 적잖이 당황스런 표정이었고, 나는 침착

하게 말을 이어갔다.

"자녀의 문제는 곧 부모의 문제예요. 자녀는 부모 곁에서 모든 것을 답습하죠. 말 한 마디, 한 마디에 담긴 뉘앙스마저도 자녀는 너무 자연스럽게 배워가요."

집사님은 고개를 끄덕거렸다. 곧 눈동자가 흔들리더니 고개를 떨어뜨렸다. 집사님이 입고 있던 짙은 회색 스커트 위로 눈물 방울이 뚝뚝 떨어졌다.

부모는 자녀를 교육하기 이전에 자신을 바로 잡아야 한다. 문제가 생기면 나부터 돌아보고 하나님 앞에 온전히 자백하는 시간을 가져야 한다.

"만일 우리가 우리 죄를 자백하면 그는 미쁘시고 의로우사 우리 죄를 사하시며 우리를 모든 불의에서 깨끗하게 하실 것이요."
(요한일서 1:9)

무엇보다 자신을 내려 놓아야 한다.

결혼을 하고 자녀를 갖게 되어도 나만의 꿈에서 헤어나오지 못하는 경우가 있다. 하나님의 온전하신 뜻 가운데에서 꿈을 꾸는 것이라면 상관 없지만, 그렇지 않다면 자신의 욕심이 개입된다. 공부 욕심이나 일 욕심에 사로 잡혀서 가정보다 나의 꿈을 이루는 것에 더 민감해질 수 있다.

자녀 또한 나의 꿈을 방해하는 장애물로 생각될 수 있다. 그리고 반대로, 자녀의 꿈에 자신이 목숨 걸고 나서는 경우도 있다. 자녀를 내 뜻대로, 내 욕심대로 키우려고 하려는 것이다. 이 경우에는 특히 자녀가 성장하면서 학업을 시작하게 될 때에 이르면 그 욕심이 더욱 부풀려진다. 자녀들의 입시를 앞둔 부모님들의 욕망이 과열되곤 한다. 어떤 경우는 자신이 못다 이룬 꿈을 자녀에게 투영시키면서 대리만족을 얻으려고 한다.

이 모든 것에 대한 철저한 내려놓음이 필요하다.
뼈를 깎는 아픔이 있다고 할지라도 내려놓고 또 내려놓아야 한다. 그럴 때 하나님은 그 순간부터 역사를 이루기 시작하시고 가정에 생명력을 불어넣어 주신다. 이것은 목적 없이 살라는 말이 아니다. 목적을 갖고 꿈을 갖되, 이전의 내 욕심을 통한 목적과 꿈을 버리고 하나님이 내 앞에 예비하신 그 목적과 꿈을 바라보며 새롭게 나아가라는 것이다. 그렇게 한다면 시행착오 없이 순탄하게 자녀를 양육할 수 있다.

자신을 내려놓고 자백했다면, 이제 함께하는 문제가 남아 있다. 교육에 동참하는 것이다. 교육은 일방적으로 흐르면 안 된다. 무엇인가를 할 수 있도록 시키되, 부모도 그것을 함께 해야한다.
가령 아이에게 책을 읽으라고 말하고 부모는 텔레비전을 보고 있으면 안 된다. 아이가 집중을 하지 못해서 책의 넓고 깊은 세계에 빠져들지 못하고, 책을 잘 읽다가도 어느새 부모가 보는 텔레비전에 더 집중하게 된다. 그러나 내가 그 자리에서 함께 책 읽는 모습을 보여주면 자녀는 그 모습에 동화되어 간다. 책 읽어라, 공부해라, 백 마디 잔소리보다 옆에서 같이 동참해주는 것이 가장 큰 교육효과를 발휘한다.

혹시 지금, 자녀의 문제 앞에 있다면 자신을 먼저 돌아보자. 하나님 앞에 온전히 자백하며 나아가자. 자신의 마음속에 남아있는 헛된 욕망이 있다면 다 십자가에 못 박고 하나님이 새롭게 주신 그 뜻을 바라보아야 한다. 그것이 나와 내 자녀와 가정을 위한 기초 작업이다.

제5장

자녀에게 배우는 엄마의 행복!

아이들의 고백

하나님의 은혜 가운데 두 자녀가 좋은 학교에 들어가게 되고, 아이들은 하나님의 도우심으로 학비와 생활비를 걱정하지 않으며 공부할 수 있었다. 그러나 하나님이 그 인도하심 가운데서 평탄함만을 허락하신 것은 아니다. 아이들을 사랑하시기에 길을 열어주심과 동시에 강한 훈련도 시키셨다.

아무리 장학금을 받고 생활비가 지원된다고 해도 돈 걱정 없이 학교생활을 누릴 수 있었던 건 아니었다. 정말 기본적으로 필요한 돈이 지급되는 것이기에 실제 생활에서는 모자라는 부분이 많았다.

아무래도 가장 큰 어려움은 영양 문제였다. 성찬이는 홈스테이에서 자취를 한 적이 있었는데 특히 그 시기에는 잘 챙겨먹지 못했다. 빵 한 조각으로 버틴 적도 있었다. 안타깝게도 키가 잘 자라다가 그 시기에 멈춰 버렸다. 하나님의 인도하심 속에 공부를 할 수 있는 것은 감사하지만 고생하는 모습을 보면 마음이 무너져 내리기도 했다.

"엄마, 악보가 여러 색깔로 보일 정도로 힘이 없었어요. 영양 상태가 좋지 않아서 공부에 지장이 있었어요."

성찬이는 내가 걱정할까봐 얘기하지 못하다가 나중에서야 그 이야기를 털어 놓았다.

나는 그 이야기를 듣고 마음이 찢어지도록 아팠다.

링컨센터에서 연주를 하는 날, 나는 성찬이한테 전화를 했다.

"성찬아, 잘 준비하고 있니?"

"엄마, 지금 배가 고파서 벽에 기대앉아 있어요. 엄마, 나 배고파요."

그날은 주일이었는데 나는 주일예배 도중에 하염없이 울었다. 중요한 연주를 바로 앞둔 아이가 배가 고파 벽에 기대고 있다니……. 하염없이 울던 나를 보고 남편은 장모님이 돌아가셨나 하였단다.

스스로 일어서는 과정을 보는 것은 아픔을 이기는 지혜가 있어야만 가능하다.

부모를 떠나 있는 것도 큰 문제였다.

친구들도 사귀고 선생님들도 새로 알게 되었지만, 많이 고독하고 쓸쓸했을 것이다. 엄마의 보살핌을 받아야 하는 나이였음에도 가족처럼 챙겨주는 사람 없이 홀로 서야 했다. 어린 시절부터 외국에 훈련 삼아 보내며 강하게 키웠다지만, 그래도 문득문득 찾아오는 외로움을 막을 수는 없었을 것이다.

"엄마, 너무 외롭고 힘들어요."

나는 그런 말을 들을 때면 갈등을 했다. 자녀가 좋은 학교에 들어간 것은 감사하지만, 정작 힘들어하는 모습을 보면 데려오고 싶은 마음이 굴뚝같았다. 더군다나 식사를 제때 해결하지 못한다니 건강이 염려되었다. 어디 자녀의 건강이 학위를 따는 것과 비교될 수 있겠는가?

"제대로 먹지도 못하고 있으니까 그냥 한국으로 와라."

이렇게 말하고 싶은 적이 한두 번이 아니었다. 그러나 그 순간에도 냉철하고자 노력했다. 정말 아이들을 위한 것이 무엇인지를 속으로 되뇌고 또 되뇌었다. 하나님은 아이들을 외국으로 보내시고 좋은 기회들을 허락하셨지만 그것은 단지 공부만 열심히 하라고 보내신 것이 아니었다. 그 가운데서 하나님이 깨닫게 하시는 것이 분명 더 있었다. 나는 그것이 무엇인지 아이들이 깨달을 때까지 잘 견디도록 해주어야 한다고 생각하며, 참고 또 참았다.

이기는 비결!

훗날, 나는 아이들이 그 힘들었던 기간을 어떻게 이겨냈는지를 듣게 되었는데 정말로 놀라지 않을 수 없었다.

먼저 그 기간이 생각했던 것 이상으로 힘들고 고된 시간이었다는 사실에 놀랐다. 죽고 싶을 만큼 힘들었던 적도 있었다고 했다. 사실 편안한 환경에서 유학생활을 하는 것도 쉬운 일이 아니라고 들었다. 다른 나라에서 수업을 듣고 따라가고, 수업을 준비하는 등, 그 자체만으로도 버거운 것이 현실이기 때문이다. 게다가 음악을 전공하는 사람이라면 연습량도 만만치 않으니 더욱 힘들 수밖에 없다. 그렇게 공부 자체도 힘들 텐데 환경까지 넉넉하지 않았으니 얼마나 고생이 심했을까? 특히 사춘기 시절을 외국에서 보낼 때에는 더욱 힘들었다고 했다.

아이들의 이야기를 나중에 생생히 듣고 나서 더욱 마음이 아팠다. 나는 몇 번씩 눈시울이 붉어졌고, 아이들이 오히려 지난 일이라며 나를 위로했다. 그리고 그 위기를 이겨낼 수 있었던 비결을 말해 주었다. 나는 그 비결을 들으며 더욱 놀랐다.

"엄마, 내가 어떻게 그 힘든 시간들을 이겨냈는지 알아요?"

성찬이가 물었고, 나는 고개를 저었다. 성찬이는 피식 웃으며 그 비결을 말해 주었다.

"새벽기도를 통해서 그 모든 고통을 이겨낼 수 있었어요. 매일 새벽기도를 갔거든요."

나는 그 이야기를 듣고 많이 놀랐다. 학교에서 교회까지는 꽤 먼 거리였다. 매일 새벽기도를 간다는 것은 웬만한 결단력이 아니면 힘든 일이다. 아무리 하나님 앞에 나아가 기도하는 것을 좋아한다고 할지라도, 하루 종일 공부하기도 빠듯한데 새벽에 일어나 먼 길을 오가는 것은 힘겨울 것이다. 게다가 어린 나이였다. 그럼에도 그 길을 택했고, 그 가운데서 하나님을 더욱 처절하게 붙들었다.

결국 새벽예배를 통해 하나님은 더욱 성찬이의 마음을 어루만져 주셨다. 환경이 갑자기 달라지는 등의 눈에 보이는 상황이 달라진 것은 아니었다. 그러나 하나님과의 새로운 만남 가운데서 마음이 치유되어 가는 것을 경험했고 새벽에 하나님을 만났다는 기쁨으로 하루하루를 견뎌 낼 수 있었다고 했다.

"엄마, 새벽에 만난 하나님은 정말 좋으세요."

"하하, 그럼 언제는 안 좋으시니?"

"아, 언제나 좋으신데, 새벽에 특히 좋으시다고요."

성찬이의 말을 들으며 웃었지만, 사실 마음 한 구석이 뜨끔했다. 새벽에 만난 하나님을 기쁨으로 고백하는 모습을 보며, 새벽예배를 습관처럼 드렸던 나를 회개했다.

"엄마, 나도! 나도 하나님의 방법으로 이겨냈어요."

성찬이의 이야기를 듣고 내가 감동하자, 희찬이도 질 수 없다는 듯이 나섰다.

"그래, 우리 둘째 아들은 어떻게 이겨냈어?"

내가 궁금하다는 듯이 묻자, 희찬이는 어깨를 으쓱하며 말했다.

"하나님의 말씀과 가까이 하는 방법을 택했어요. 특히 목사님들의 설교 테이프를 자주 들었어요. 설교 말씀은 성경본문을 토대로 목사님이 영의 양식을 떠먹여주는 거잖아요. 가만히 듣고만 있어도 은혜를 받을 수 있는 기회였어요."

둘째 아들 역시 말씀의 힘으로 어려운 시간들을 이겨 내었다고 했다. 나 역시 그 이야기를 들으며 다시 한 번 말씀의 중요성에 대해서 실감했다. 말씀이 얼마나 생명력 있는 것인지, 그것이 얼마나 살아 역사하여 한 사람의 인생을 이끌어 갈 수 있는지, 말씀에는 스스로 자신을 추스를 수 있게 하는 능력이 있음을 희찬이의 이야기를 통해 다시 느낄 수 있었다.

아이들의 어린 시절, 강제로라도 말씀을 읽게 했던 기억이 떠올랐다. 비록 스스로 선택한 것이 아니었지만, 그때 받은 훈련과 연습은 분명 시간이 흐르면서 강하게 역사했다는 것을 느낄 수 있었다. 성경은 살아 있는 생명의 책이기 때문이다. 아무리 강제로 읽은 것일지라도 그것이 들어오기만 하면 역사한다. 많이 접하면 접할수록 더욱 강력하게 사람을 다스린다. 그렇게 이제는 스스로 말씀을 찾고 그 안에서 위로를 얻는다.

나는 대학 시절과 대학원 시절 홀로 객지에 나와서 많은 훈련을 받았다고 생각했다. 그런데 생각해보니 나는 객지이지만 그래도 한국 땅 안에 있었다. 그 자체만으로도 아이들보다는 나은 조건이었다. 그런데 아이들은 부모도 만날 수 없는 해외에 있었으니 나보다 훨씬 힘들었을 것이다. 더군다나 아이들은 나보다 더 어린 나이에, 그것도 더 오랜 기간을 견뎠다. 그 가운데서도 예배와 말씀으로 이겨낸 모습이 대견스러웠다.

나는 아이들의 이야기를 들으면서 많은 도전을 받았다.

말씀이 중요하다며 자녀에게 그렇게 강조하고 가르쳤지만, 이제는 아이들의 변화에 내가 감동과 도전을 얻게 된 것이다. 그래서 그 전까지 홀로 고통과 마주해야 할 아이들을 걱정하며 다시 데려오고 싶어 갈등했던 내 자신이 부끄럽기도 했다. 이렇게 하나님이 하나님의 방법으로 이끌어 주시고 지켜 주시는데 하마터면 사람의 방법으로 일을 저지를 뻔했다.

나는 다시금 감사의 기도를 올렸다. 하나님의 은혜로 좋은 대학에 장학생으로 들어가게 해주신 것도 감사할 수밖에 없는데 삶의 한 가운데서 영적 성장을 경험하게 하시고, 그로 인해 힘든 삶을 이겨내게 하셨으니 그저 감사할 뿐이었다.

빛은 어둠을 밝히는 것

아이들은 말씀을 통해 힘들고 외롭고 고통스러운 것들을 이겨냈다. 하지만 말씀의 힘은 여기서 그치지 않았다. 아이들이 예수님처럼 사랑하고 봉사하며 이웃을 돌아보는 것으로 이어져 나갔다. 성경말씀에 의지하니 예수님의 삶을 따르고 싶은 마음이 생겼고, 자연히 그 마음이 행동으로 옮겨졌단다.

내가 미국에 갔을 때의 일이다. 그곳에 성찬이의 친구들이 처음 보는 나를 너무도 반겨주는 것이다. 그것도 모자라 주무시고 가라며 친절하게 대해주었다. 나는 감사하면서도 어리둥절했다.

'여기 아이들은 워낙 예의바른 아이들인가 보다.'

나는 이 정도로만 생각하고 있었는데, 아이들이 나중에 자초지종을 설명하기 시작했다.

"정말 힘들 때 성찬이가 저희들을 데려다가 먹이고 돌봐 주었어요. 내내 감사한 마음을 품고 있었는데 어머니가 오신다는 소식을 듣고 너무 기뻤어요. 이렇게 인사도 드리고 고마운 마음을 전할 겸 모시고 싶었거든요."

성찬이의 도움에 고마워 하면서 보답하려는 친구들의 모습이 너무 감동적이었고, 동시에 성찬이가 너무 대견했다. 겉으로 드러내놓고 표현하지는 않았지만 감격스러웠다. 성찬이는 예수님의 마음으로, 어려움 속에서도 자기 자신보다 어려운 친구에게 먼저 손 내밀고 도울 줄 아는 청년이 되어 있었다.

혹시 좋은 학교에 유학을 하면서 그저 공부를 잘하고 음악을 잘하는 것만을 목표로 삼고 성공지상주의에 취해 있으면 어쩌나, 간혹 걱정을 했던 내가 한심해졌다.

성찬이는 친구들을 돕는 것 뿐만 아니라 교회 봉사도 열심히 하고 있었다. 그건 지금도 마찬가지다. 성찬이는 뉴헤이븐 교회에서 찬양팀 리더와 교회 앙상블 반주를 맡았었고 지금은 시카고 연합 감리교회의 반주자로 수고한다. 그런 봉사를 하면서 좀 더 세계로 나아가 찬양으로 하나님의 마음을 전하고 싶어한다. 특히 북한과 아프리카, 동남아시아 등의 소외된 사람들을 찾아가는 꿈을 가지고 있다. '어메이징 그레이스'와 '아, 하나님의 은혜로'를 첼로곡으로 들려주겠다는 구체적인 계획도 있다.

"소외된 사람들에게 첼로곡을 들려줄 거예요. 첼로는 남성의 목소리 톤과 가장 가깝고 평안한 느낌을 주기 때문에 사람들에게 위로를 전하기에는 제격인 악기거든요. 사람들에게 첼로 연주로 위로를 전하고, 희망과 복음도 함께 전하고 싶어요."

성찬이는 이렇게 말하며, 음악을 통한 성공보다 더불어 사는 세상을 꿈꾼다.

더 많은 길이 열리다

하나님의 방법은 참 신기하다. 성찬이가 이웃을 향한 사랑에 집중할수록 세상 가운데서도 더 높아질 기회를 주시곤 하셨다. 많은 국제 콩쿠르에서 입상했고, 특히 2012년에는 '금호아트홀 라이징 스타 시리즈' 첼로 독주회에도 초청받았다. 금호아시아나문화재단은 2004년부터 매년 한국을 대표하는 클래식 연주자들을 선정해 독주회를 여는데 성찬이가 선정되어 연주를 할 수 있게 된 것이다. 하지만 성찬이는 큰 무대에 올라가 자랑스럽게 연주하는 것보다, 어려운 사람들을 위해 봉사하며 사는 것이 더욱 큰 꿈이라고 말한다. 하나님의 영광을 위해 자신의 성공을 도구로 사용하고 싶어 한다. 나는 그 모습을 보며 기쁨을 갖고 기도한다. 성찬이가 공부하고 준비한 모든 것이 하나님을 위해 쓰이기를…….

"엄마, 어떤 친구가 이사를 하게 되었어요. 아직 교회를 다니지 않는 친구였는데 그 기회에 전도를 하고 싶었거든요. 그래서 연습을 제쳐두고 그 친구에게 가서 열심히 이삿짐을 날랐어요."

희찬이의 이야기다. 수화기를 통해 들려오는 희찬이의 목소리에는 환희와 기쁨이 담겨 있었다.

"너무 잘했다, 우리 아들."

나는 겉으로는 칭찬을 했지만, 속으로는 살짝 걱정이 되었다. 남는 시간에 도운 것이 아니라, 연습해야 하는 시간을 그렇게 쓴 것이었기 때문이다. 음악 하는 사람에게 연습시간이란 생명과도 같다. 그 분야에서 유난히 중요한 것이 연습량이고, 그 학교에 간 사람들이라면 실력이 다들 우수하기에 그야말로 얼마나 연습하고 준비하느냐에 성적이 달려 있다. 그런데 그것은 기우에 지나지 않았다.

하나님께서는 오히려 다른 사람보다 더 월등한 성적을 갖게 해 주셨다. 자신보다 나섯 배나 많이 공부하고 연습한 친구가 와서 비법을 전수해 달라고 할 정도였다. 연습시간은 적었지만, 그래서 간절히 기도하면서 더 효율적으로 집중력을 가지고 연습하게 되었고, 예수님을 전하기 위해 애쓰니 그 마음의 중심을 보시고 더 풍성하게 채워주신 것이다.

"형제 사랑하기를 계속하고 손님 대접하기를 잊지 말라 이로써 부지중에 천사들을 대접한 이들이 있었느니라."(히브리서 13:1-2)

나는 희찬이의 이야기를 들으며 다시 한 번 깨달았다. 우리가 제 아무리 시간 계획을 잘 짜고 거기에 맞게 열심히 준비를 하고 성과를 내려 한다고 해도 그 위에 계신 분은 하나님이시다. 하나님이 허락지 않으시면 내가 아무리 열심히 했다고 해도 원하는 결과를 얻지 못한다. 반면, 하나님의 도우심 가운데 시간을 운영해 나가고, 하나님이 기뻐하시는 일에 시간을 먼저 활용하게 되면 하나님이 놀라운 결과를 안겨주신다. 남들이 몇 시간 할 것도 한 시간, 아니 몇 분 만에 해결할 수도 있다. 그런 하나님의 방법을 희찬이를 통해 생생하게 깨달을 수 있었다.

아이들에게 배운다

희찬이와 비행기를 같이 타고 가게 된 적이 있다. 착륙 전에 유니세프에서 모금을 했는데, 희찬이는 그것을 보면서 말했다.

"엄마, 나 50불이 있는데, 다 낼래요."

나는 순간 당황해서 말했다.

"50불은 너무 많아. 1불만 내. 너, 가서 쓸 돈도 없는데 그걸 다

내면 어떻게 해."

희찬이는 내 반응이 당황스럽다는 듯이 말했다.

"엄마, 다 내고 싶어요. 저는 하나님이 도와주실 거예요."

희찬이의 말은 나의 뒤통수를 때렸다. 아무리 돈이 없어도 감당하기 버거울 만큼 하나님께 드리고 이웃을 돕겠다는 것을 원칙으로 삼았던 내가 정작 자녀의 선한 행동을 막고 있다니……. 내 자신이 부끄러웠다.

"희찬아, 네 생각대로 하렴."

희찬이는 기쁜 마음으로 50불을 자신의 손에서 떠나보냈다.

정직을 강조한 어린 시절 때문일까? 희찬이는 뉴헤이븐 장로교회 사역을 시작하면서 1년간 사례비를 받지 않았다. 유학생으로서는 사례를 받을 수 없도록 법으로 정해져 있기에 받을 수 없다는 것이다. 수년 동안 관행처럼 이어진 것을 희찬이는 깨뜨려 버렸다. 그리고 학교를 통해 정식으로 사역의 대가를 받는 방법을 찾아냈다.

아이들은 오직 하나님을 의지하며 성장해 나갔다. 환경이 여유 있고 넉넉했다면 실력은 늘었을지 몰라도 영적으로 이렇게 성장할 수는 없었을 것이다. 하나님은 정말 놀랍게 성장시켜 주셨다.

나는 이제 아이들을 교육하는 엄마가 아니다. 오히려 아이들에게 배우는 엄마다. 예전에는 내가 성경말씀을 가르치고 훈계했는데, 이제는 내가 아이들의 모습에 자연스럽게 감화되고 도전을 받는다.

가끔 우리 가족이 모이면 옛날 이야기를 한다. 돌이켜보면 힘든 상황도 많았던 그 시절, 그 가운데서 기적처럼 감사한 일들이 자라났다. 아이들은 때로 원망도 했단다. 어린 나이에 성경 읽는 훈련과 연주 연습을 혹독하게 하고, 초등학교 때는 버스를 갈아타며 홀로 레슨을 받으러 다니고, 부모 없이 해외로 나가는 훈련까지 시켰으니 말이다.

그런데 지금은 오히려 감사한단다. 그런 과정 때문에 자생력이 생겼다고 말한다. 무엇보다 성경을 통한 철저한 교육과 훈련 때문에 누구보다 강한 뿌리가 심겨졌기에 지난 날들을 이제는 감사로 받아들인다.

무엇보다 지금은 내가 아이들에게 더 감사하다. 그 모든 과정을 이겨내고 잘 버텨 주었으니 말이다. 이제는 내가 오히려 아이들이 스스로 이겨내는 모습을 보고 도전을 받을 정도이니 감사하지 않을 수 없다.

두 아들로 긴장한다

어느 날, 희찬이가 이런 말을 했다.

"존경하는 우리 아빠와 엄마의 모습이 변질되면 안 돼요. 우리들이 실망하면 안 돼요. 엄마 아빠가 항상 긴장을 하고, 우리들에게 부끄럽지 않은 목회를 해주세요. 우리들이 성공했을 때 엄마 아빠를 소개할 수 있어야 하니까 그게 무너지면 안 돼요."

나는 이 말을 들으며, 이제는 내 자신을 혹독하게 훈련시켜야겠다고 생각했다. 사람의 정신은 자칫하면 흐려지고, 사람의 마음은 틈만 나면 욕심이 들어와 엉망이 된다. 희찬이의 말처럼 자녀들에게 부끄럽지 않도록, 항상 긴장을 해야 할 때다.

나는 그 동안 하나님께서 깨닫게 해주신 지혜와 경험을 토대로 부족하나마 자녀교육과 관련된 사역에 힘쓰고 있다. 여러 분들이 나를 찾아온다.

"우리 아이의 교육은 어떻게 시킬까요?"

"유학은 언제 보내는 게 가장 좋죠?"

자녀 교육에 관한 질문을 받으면서 내가 경험한 이야기를 매뉴얼화하고 싶어졌다. 그것은 복음과 말씀을 가지고 원색적으로 자녀를 기르라는 것이다.

교회에서 기본적으로 성경공부 프로그램을 갖고 있으며 그 이상의 것을 포함한다. 어머니들에게 새로운 활력을 주고, 회복을 도와주고, 부모 역할에 대한 성성석, 실제석 답변을 제공해 주고 있다. 더불어 체계적인 말씀 연구와 자녀양육의 성경적인 방법들을 대화와 기도를 통해 함께 나눔으로써 자녀들이 믿음의 존재로 성장해나갈 수 있도록 지원하고 있다.

나는 좀 더 많은 우리의 자녀들이 하나님의 자녀로 올바르게 세워지기를 기도하며 그 사역에 임하고 있다. 생명을 낳고 그 생명이 하나님의 생명으로 충만하여 이 세상에서 많은 영향력을 끼칠 수 있도록 이끄는 것, 그것이 여성에게 있어 가장 위대한 축복이 아닐까…….

두 아이를 기르면서 단 한 번도 지우지 않은 분명한 기준이 있다.

"하나님의 방법으로!!!!!"

두 아이를 향한 하나님의 사랑을 경험하면서 결코 변질되지 않는 엄마가 되기 위해 바울처럼 나를 쳐서 복종시키는 일에 최선을 다할 것이다.

나는 다시 피아노 연습을 시작했다. 우리 아이들의 미래, 곧 그들의 세계가 열릴 때 나도 함께하고 싶기 때문이다.

이 땅의 소중한 자녀를 기르는 엄마들이 다시 거룩한 한나가 되기를 꿈꿔 본다.

하나님은 나를 통해서도 그 일을 이루기 원하셨기에, 나에게 남편을 만나게 하셨고, 우리에게 성찬이와 희찬이를 맡겼다고 믿는다.

하나님이 내게 주신 아름다운 경험을 하나님의 말씀 중심으로 여러 이웃들과 나누고 싶다. 천국으로 이사 갈 그 날까지………. 평생 동안!

마치면서

무서운 엄마? 그러나 너무 좋은 엄마!

나의 마음속에는 '목회자의 자녀가 잘되어야 교회와 교인들에게 덕이 될 수 있다는 사명감과 내가 교육학을 전공한 사람으로서 나의 자녀를 제대로 양육하지 못한다면 얼마나 우스운 일일까?'라는 자존심 같은 것이 있었다. 그러나 자녀를 기르면서 이러한 것들이 얼마나 우스운 엄마의 욕심인가를 매일 같이 느꼈다.

하나님이 우리 가정에 주신 가장 귀하고 아름다운 선물이다. 그러기에 자녀를 기르면서 내가 가졌던 몇 가지 원칙이 있었다.

첫째, 아이들에게 영향력을 행사하는 분은 하나님이다!
아이들이 어려서부터 언제나 분명한 목표, 바로 하나님과 교회를 섬기고 많은 사람에게 그리스도를 증거하는 것이 우리가 이 세상을 사는 이유임을 강조했다. 그래서 매일같이 아이들이 학교에 갈 준비를 마친 후 현관에서, 아빠에게 아이들을 위해 기도해 주게 했다.

둘째, 무서운 엄마 그러나 꼭 필요한 엄마가 되야 한다!
나는 아이들에게 철저히 무서운 엄마다. 내가 가장 경계했던 것은 마마보이를 만들지 않는다는 것이었다. 엄마만 밝혀서는 안 되기 때문이다.

그럼에도 불구하고 우리 아이들은 나를 무척 좋아한다.

셋째, 무엇이든지 꾸준하게 해야 한다!

나는 모든 것에 끈기를 가르쳐 왔다. 나는 자신있게 말한다. 유행이나 엄마의 욕심에 따라 쉽게 바꾸지 말고 지속적으로 꾸준히 하게 하라고.

넷째, 아이들이 자신을 나타낼 기회를 준비해야 한다!

우리 아이들은 자신을 나타낼 기회가 유난히 많았다. 그래서 자신들이 무대에 서야 하는 시간들을 위해 철저히 준비를 하게 했다. 준비는 곧 그 사람의 인격이 되고, 준비된 사람만이 성공하기 때문이다.

초월적인 하나님의 사랑을 아는 사람만이 진정 자식을 사랑할 수 있다. 우주를 창조하시고 우리와 우리의 자녀를 위해 십자가를 지신 예수 그리스도의 그 큰 사랑을 품고, 자녀를 하나님이 나에게 주신 선물임을 실감하면서 키운다면, 분명 우리의 자녀는 시대를 책임지는 주역이 될 것이다.

주님, 우리와 주신 자녀를 통해 영광받으소서, 아멘!

「두 자녀를 잘 키운 삼숙씨 이야기」의 저자
정삼숙 사모의 성경적 체험 양육법!

성경적 영적 성품 12가지 심기!

①소통 ②갈등 ③관계 ④기도 ⑤상처
⑥분노 ⑦용서 ⑧순종 ⑨습관 ⑩비전
⑪동행 ⑫낙심을 자녀에게 신앙 유산으로
남겨주십시오.

정삼숙 지음

CBS-TV「새롭게 하소서」
저자 출연 동영상 보기

5백만 원(5평가게)으로 시작해
큰 기업을 이루게 하신 하나님 이야기!

죽어가는 아들 때문에 예수님 믿게 하시고
두 번의 암 수술로 죽음의 고비 넘게 하시고
지금은, 믿음의 기업 CEO로, 일터 사도로,
성경적 재정 축복을 전하게 하시다!

송순복 지음

CBS-TV「새롭게 하소서」
저자 출연 동영상 보기

맞춤형 무릎기도문 시/리/즈
30일 작정 기도서

십대의
무릎 기도문

십대 자녀를 위한
무릎 기도문

자녀를 위한
무릎기도문

가족을 위한
무릎기도문

자녀축복
안수기도문

재난재해안전
무릎기도문-자녀용

아가를 위한
무릎기도문

태아를 위한
무릎기도문

남편을 위한
무릎기도문

아내를 위한
무릎기도문

태신자를 위한
무릎기도문

새신자를 위한
무릎기도문

교회학교 교사
무릎기도문

재난재해안전
무릎기도문 - 부모용

망망한 바다 한가운데서 배 한 척이 침몰하게 되었습니다.
모두 구명보트에 옮겨 탔지만 한 사람이 보이지 않았습니다.
절박한 표정으로 안절부절 못하는 성난 무리 앞에 급히 달려 나온 선원이
손바닥을 펴 보이며 말했습니다.
"모두들 나침반을 잊고 나왔기에 …"
분명, 나침반이 없었다면 그들은 끝없이 바다 위를 표류할 수밖에 없을 것입니다.

삶의 바다를 항해하는 모든 이들을 위하여 우리는 그 나침반의 역할을 하고 싶습니다.
우리를 구원하신 위대한 주 예수 그리스도를 널리 전하고 싶습니다.

"하나님은 모든 사람이 구원을 받으며 진리를 아는 데에 이르기를 원하시느니라"
(디모데전서 2장 4절)

두 자녀를 잘 키운 삼숙씨의 이야기

지은이 | 정삼숙
발행인 | 김용호
발행처 | 나침반출판사

7판 발행 | 2017년 3월 20일

등 록 | 1980년 3월 18일 / 제 2-32호
주 소 | 157-861 서울 강서구 염창동 240-21
　　　　블루나인 비즈니스센터 B동 1607호
전 화 | 본　사 (02)2279-6321
　　　　영업부 (031)932-3205
팩 스 | 본　사 (02)2275-6003
　　　　영업부 (031)932-3207

홈페이지 | www.nabook.net
이 메 일 | nabook@korea.com
　　　　　nabook@nabook.net

ISBN 978-89-318-1466-8
책번호 가-9038

값은 뒷표지에 있습니다.